Francis Kaderli

Gott und Seele

Irrtum mit Folgen

Buch

Eine philosophische Betrachtung aus der Sicht der indischen Theologie

Der Faktor Zeit verändert alles. Ideologien, Ideale, aber auch leblose Gebilde, wie Kirchen und Tempel zerfallen unter dem konstanten Einfluss der Zeit
.

Zeit lässt jedoch nicht nur Gebäude zerfallen, auch mächtige religiöse Institutionen verändern sich unter ihrem Einfluss. Stand bei manchen zu Anfang noch das Ideal im Zentrum, das ein Werkzeug wie die Institution Kirche ins Leben rufen ließ, so stand schon nach wenigen Jahrhunderten das Werkzeug (die Kirche, die Institution) selbst im Zentrum und der Kampf um Macht und Einfluss war voll entbrannt. Die ursprünglichen Ideale verkümmerten und traten in den Hintergrund.

Ein kritischer Blick aus der Sicht der indischen Theologie, Vishnuismus, auf die institutionalisierte christliche Lehre. Selbstkritische Töne eingeschlossen.

Autor

Informationen über den Autor finden man auf seiner Website:
www.bhakti-yoga.ch

Bibliografische Information der Deutschen Nationalbibliothek
Die Deutsche Nationalbibliothek verzeichnet diese Publikation in der Deutschen Nationalbibliografie; detaillierte bibliografische Daten sind im Internet über http://dnb.d-nb.de abrufbar.

Umschlaggestaltung: Francis Kaderli

Herstellung und Verlag: Books on Demand GmbH, Norderstedt

ISBN: **9783848210831**

Inhaltsverzeichnis

Sinnlose Rituale kommen schleichend.................................7

Gefangen im Zeitweiligen...8

    Gott und der Weg zu ihm sind zeitlos ewig.........................9

Die Seele - Das ewige Lebewesen......................................11

Reinkarnation..15

Wissenschaftliche Untersuchungen der Reinkarnation...................20

Karma..27

Der Missbrauch des Glaubens..32

Alle Wahrheit in der Bibel?..40

Guru = Lehrer und Beispiel...44

    Keine aufgezwungene Autorität....................................45

Das Reich der vollerblühten Gottesliebe..............................49

    Gehört Gott einer Kirche oder Institution? 51

    Gott ist nicht käuflich..53

Gottes Namen...55

    Im Veda..55

    In der Bibel...56

    Viele Namen..57

    Das höchste Geschenk an die Bedürftigsten........................58

Webseiten des Autors...60

Sinnlose Rituale kommen schleichend

In Indien lebte einst ein Weiser mit seinen Schülern an den Ufern eines heiligen Flusses. Jeden Morgen unterwies er seine Schüler und künftigen Nachfolger in der altehrwürdigen Philosophie, der sie andächtig lauschten.

Eines Tages strich eine Katze während des Vortrages im Raum herum und zog die Aufmerksamkeit auf sich. Dies wiederholte sich zum Leidwesen des Weisen von nun an jeden Tag. So band er die Katze schließlich jeden Morgen vor Beginn der Unterweisungen draußen an einem Baum fest und löste ihr die Fessel erst wieder, wenn er seinen Unterricht beendet hatte. Die Jahre verstrichen und der Weise wurde alt und starb. Seine Schüler versammelten sich wie gewohnt jeden Morgen zum gemeinsamen Studium der Philosophie und banden vorher die Katze am Baum draußen fest, wie sie es bei ihrem Meister gesehen hatten. Auch die Katze war schon alt und starb einige Zeit später. Doch unverdrossen hielten die Schüler am Ritual fest, denn keiner von ihnen wusste, weshalb die Katze angebunden worden war. So suchten sie nach einer neuen Katze, die sie von nun an auch wieder jeden Morgen draußen an einem Baum festbinden konnten.

Gefangen im Zeitweiligen

Ohne Verständnis für den Inhalt der geistigen Botschaften streiten wir miteinander, welches Gefäß[1] denn nun das richtige sei. Verblendet übersehen wir dabei das unveränderliche Kernstück echter religiöser Offenbarung, das hingebungsvolle liebende Gottdienen, im Bewusstsein universaler Brüderlichkeit.

In den Veden[2] wird diese liebevolle Gotteswidmung Bhakti genannt und als die ewige naturgemäße Beschäftigung der Seele bezeichnet, Sanatana-Dharma. Tätigkeiten, die im Bewusstsein „ich bin dieser Körper" ausgeführt werden, sind ebenso zeitweilig, wie der Körper selbst. Die im Körper eingeschlossene ewige Seele [Sanskrit: Atman] identifiziert sich von Geburt bis zum Tod mit der physischen und psychischen Hülle, welche sich fortlaufend verändern. Aufgrund dieses falschen Ich-Empfindens, dehnt sich das Identifikationsgefühl auf andere Dinge aus, wie Familie, Geburtsland, Sportclubs, politische Gruppen, aber auch religiöse Institutionen und vieles anderes. So empfindet sich die Seele unter diesem Einfluss der falschen Identifikation als Christ, Jude, Moslem, Hindu oder sonst was; alles Bezeichnungen, die sich auf den vergänglichen Körper beziehen und letztlich, wie die Kleidung, jederzeit gewechselt werden können.[3] Die wesensgemäße ewige Natur der Seele ist jedoch unveränderlich die eines ewig liebenden Dieners des Allanziehenden, des höchsten Herrn.

Äußerlichkeiten können die wirkliche Natur der Seele und ihre inneren Eigenschaften nicht ändern. Sie können jedoch bedeckt werden, wie zum Beispiel Kleidung den Körper bedeckt, und seine wirkliche Gestalt verhüllt. Diese „Kleidung" besteht einerseits aus dem physischen Körper und anderseits aus der Psyche, als Gesamtheit des intellektuellen und emotionalen Geschehens. Sie wirken zusammen nicht nur bedeckend, sondern auch bindend. Aufgrund der starken Verbindung der Seele mit dieser „Kleidung", identifiziert sich die Seele mit diesen sie umschlingen-

---

[1] Religionsgemeinschaften und Institutionen mit ihren spezifischen Ritualen usw.

[2] Das uralte kosmische Wissen, das vor 5'000 Jahren in den Sanskrittexten Indiens niedergeschrieben wurde.

[3] Z. B. kann ein Hindu zum Christen werden u.s.w.

den „Hüllen", die sie dazu verleiten, im zeitweiligen Interesse von Körper und Intellekt zu denken, zu fühlen und zu handeln.

Ein Gottsucher sollte sich dieser Tendenz, sich mit dem Körper und den dazugehörigen Ismen zu identifizieren, bewusst werden. Er darf sich nicht von Schablonen[4] behindern lassen, die ihn immer wieder auf die Identifikation mit seinem Körper und dessen Umfeld zurück werfen wollen. Eine Bewusstwerdung der eigenen ewigen Natur beinhaltet daher das gleichzeitige In-Frage-Stellen und beleuchten bisheriger Denkmuster, die ihn vielleicht immer noch „gefangen" halten.

Der Veda[5] beschreibt Gott als Krishna, den Allanziehenden. Krishna ist daher nicht ein Hindu-Gott, denn der Höchste ist weder Hindu, Christ noch Moslem, sondern die Ursache aller Ursachen, Herr aller Herren und der Vater und Freund aller Lebewesen. Wenn er sich in einem bestimmten geographischen Ort der Welt offenbart, bleibt er — ähnlich der Sonne, die nicht östlich wird, nur weil sie im Osten aufgeht — unberührt von geographischen oder anderen lokalen Bezeichnungen.

Gott und der Weg zu ihm sind zeitlos ewig

Gott ist ewig und der Pfad zurück zu ihm, ist genauso ewig. Durch weltliche und institutionelle Einflüsse wird dieser Weg immer wieder verdunkelt und verwässert, was den Herrn dazu veranlasst, dieses anfangslose Wissen von neuem zu offenbaren, um die Seele von ihren Ketten zu befreien, die sie an den Kreislauf von Geburt und Tod binden.

Wer eine objektive vergleichende Studie zwischen der Bhakti-Lehre und der christlichen Lehre anstellt, kann leicht die vielen Gemeinsamkeiten erkennen. Genauso wie man Gemeinsamkeiten in den Schulbüchern unterschiedlicher Stufen findet. Die Lehre Jesu – soweit noch bekannt – stellt rudimentär die in der Bhakti-Lehre verkündete reine Liebesbotschaft Gottes dar und enthält folglich wertvolle Unterweisungen. Es scheint aber auch unbestritten, dass diese Liebesbotschaft Jesu durch vie-

---

[4] Denkschablonen, wie Nationalismus und andere Ismen, welche die ewige Seele in zeitweiligem, kleinkarierten Denken und Fühlen gefangen halten.

[5] Altindische Offenbarungstexte, meist in Sanskrit verfasst.

le weltliche Einflüsse fast bis zur Unkenntlichkeit zerstückelt worden ist und in der christlichen Theologie fast nur noch als ethisch-moralisches Konstrukt verstanden und gelehrt wird. Der Leser der Bibel mag von der noch durchschimmernden Lehre Gottes angezogen sein, doch wird ihm der praktisch begehbare Pfad der liebenden Widmung zu Gott kaum erhellt. Er muss sich daher meist mit humanistisch-ethischen Tätigkeiten begnügen und diese als „Gottdienen".

Wie nachfolgend noch näher erklärt werden wird, lehne ich viele, oft widersprüchliche Textstellen in der Bibel, als von weltlichen Einflüssen verdorbene Verfälschungen ab. „Woher nimmst du dir dieses Recht?", mag sich der Leser fragen. Zum einen aufgrund urchristlicher Texte, die erst in neuerer Zeit wiederentdeckt wurden, und noch frei von institutioneller Zensur sind und andererseits aus dem Studium der Schriften engagierter Bibelforscher, die nach der Botschaft Jesu suchen. Und zusätzlich aus der Tatsache, dass sich durch die Augen der Bhakti-Lehre betrachtet, viele Widersprüche in den kanonisierten Schriften der christlichen Kirchen auflösen und die dogmatischen Lehrsätze, mit ihren Angst machenden Drohungen, einer natürlichen Schönheit weichen, die Gott sowohl als gerecht und gleichermaßen grenzenlos gnadenvoll erscheinen lassen. Die Drohbotschaft verwandelt sich tatsächlich in eine Frohbotschaft.

Die Seele · Das ewige Lebewesen

Einige bestaunen die Seele als wunderbar;
einige beschreiben sie als wunderbar,
und einige hören, sie sei wunderbar.
Doch andere können sie nicht verstehen,
selbst nachdem sie von ihr gehört haben.
(Bhagavad-Gita 2.29)

Göttliche Sicht bedeutet zu sehen, dass alles Erschaffene gleichzeitig eins mit dem Herrn und doch verschieden von ihm ist. Krishna drückt dies in der Bhagavad-Gita mit folgenden Worten aus:

„Ich bin der Ursprung aller göttlichen und aller materiellen Welten. Alles geht von mir aus. Die Weisen, die dies vollkommen verstanden haben, beschäftigen sich in meinem hingebungsvollen Dienst und verehren mich von ganzem Herzen." (10.8)

„Des weiteren, o Arjuna, bin ich der ursprüngliche Same aller Schöpfungen. Es gibt kein Geschöpf – ob beweglich oder unbeweglich –, das ohne mich existieren kann. Was ich dir beschrieben habe, ist nur ein kleiner Hinweis auf meine unendlichen Füllen. Wisse, dass alle majestätischen, schönen und herrlichen Schöpfungen nur einem winzigen Funken meiner Pracht entspringen." (10.39-40)

Die Weisen geben hierzu das Beispiel der Sonne, die ihre Strahlen überallhin verbreitet. Die Sonne und die Lichtpartikel weisen die gleichen Eigenschaften von Wärme und Licht auf. Dennoch ist die Sonne als Ursprung immer unabhängig von den Strahlen, während die Lichtpartikel nie von der Sonne unabhängig sind. Es besteht also eine qualitative Einheit, die sich jedoch quantitativ gewaltig unterscheidet. Das Lebewesen ist immer von Gott als Ursprung abhängig und kann ihm nie gleichkommen, weil er unbegrenzt, die Seele - als kleinstes Teilchen von ihm - jedoch immer begrenzt ist.

Die Veden erklären, dass die reine Seele, durch den Wunsch, ihre Glückseligkeit unabhängig vom Herrn steigern zu wollen, in diesen Kosmos von Zeit und Raum versetzt wird. Um die Materie genießen zu können, erhält die Seele (das Lebewesen)[6] eine feinstoffliche materielle Hülle (psychischer Körper aus Denken, Fühlen, Wollen; Intelligenz und falschem Ego). In Sanskrit heißt das „falsche Ego" Ahankara. Das Ahankara ist gewissermaßen die subtilste und gleichzeitig innerste Hülle, die sich um die Seele legt und dieser die Fähigkeit vermittelt, ihre Identität zu vergessen und sich mit allen weiteren feinen und groben materiellen Hüllen zu identifizieren. Aufgrund dieser falschen Identifikation betrachtet sich die Seele als ein Produkt dieses vergänglichen Welt und richtet ihre Aufmerksamkeit auf die Befriedigung der zeitweiligen Bedürfnisse ihrer Hüllen. Im Streben nach Genuss versinkt das Lebewesen langsam immer tiefer, bis in die grobstoffliche Materie, wie sie unsere Erde anzubieten hat. Hier erhält die Seele noch zusätzlich eine grobstoffliche Hülle, den physischen Körper. Diese Fähigkeit der falschen Identifikation ist eine Notwendigkeit, denn ohne diese Fähigkeit könnte die Seele ihre Wünsche, die sie in den Kosmos geführt hat, nicht erfüllen. Doch ähnlich einem Fisch auf dem Lande, können die beständigen Bedürfnisse der Seele von der sich fortlaufend verändernden Materie nicht dauerhaft erfüllt werden. Dies weckt auf der langen Reise durch das Universum – früher oder später – den Wunsch nach Selbsterkenntnis.

Auf einen einfachen Nenner gebracht bedeutet Selbsterkenntnis, das Ewige in den Hüllen zu erkennen, zu erkennen, dass die Seele den Körper ähnlich „steuert", wie der Fahrer ein Auto. Ohne die Gegenwart der Seele ist der Körper ein totes Stück Fleisch. Genau genommen ist der Körper immer tot, wie das Auto. Er scheint nur aufgrund der Gegenwart der Seele lebendig zu sein. Leben ist die Seele. Der Körper bildet eine zeitweilige Wohnung für die Seele. Dieses offenbarte Wissen findet sich nicht nur im Veda, es kann auch in der Bibel gefunden werden, die sagt:

„Und fürchtet euch nicht vor denen, die den Leib töten, die Seele aber nicht töten können." (Matthäus 10.28)

„...da wir nicht schauen auf das Sichtbare, sondern auf das Unsichtbare. Denn das Sichtbare ist zeitlich, das Unsichtbare aber ist ewig." (2. Kor. 4.18)

„Wir sind nun allezeit getrost und wissen, dass wir fern vom Herrn in der Fremde leben, solange wir in diesem Leib zu Hause sind; denn als

---

[6] Sanskrit: Atman. Siehe http://vishnupedia.org/wiki/index.php?title=Atman

Glaubende gehen wir unseren Weg, nicht als Schauende. Wir sind aber getrost und haben vielmehr Lust, auszuwandern aus dem Leibe und daheim zu sein beim Herrn." (2. Kor. 5.6-8)

Hier werden deutliche Unterschiede zwischen dem vergänglichen Körper und der ewigen Seele gemacht. Der Schreiber identifiziert sich mit der ewigen Seele, denn er hat Lust aus seinem Leib auszuwandern.

Die Existenz oder die Lebensfähigkeit der Seele kann unmöglich in irgendeiner Weise vom vergänglichen Körper abhängig sein. Vielmehr ist die Existenz des Leibes in jeder Beziehung von der Gegenwart der ewigen Seele abhängig. Der Körper lebt nicht, er wird belebt, ähnlich wie das Auto vom Fahrer „belebt" wird. Das ist eine überaus wichtige Erkenntnis: Ich bin die Seele und ich wohne in einem (zeitweiligen) Körper!

Das „falsche Ego", Ahankara, hat jedoch einen solch starken Einfluss, dass bereits die gesamte Kirche davon befallen ist. Christen sprechen schon lange davon, sie besäßen eine ewige Seele. Damit drücken sie sprachlich aus, dass sie nicht mal philosophisch in der Lage sind, sich selbst als ewige Seele oder Atman zu erkennen. Stattdessen betrachten sie sich sprachlich und philosophisch als Produkt der zeitweiligen Materie, welches irgendwo in Geschichte noch etwas Ewiges erhalten hat, eine Seele, mit der niemand wirklich etwas anfangen kann.

Krishna erklärt in der Bhagavad-Gita:
„Die Seele wird nie geboren und sie stirbt nie. Sie ist unermüdlich, ewig jung und dennoch uralt. Obschon der Körper Gegenstand von Geburt und Tod ist, kann die Seele nie zerstört werden." (2.20)

Wenn die Seele den gegenwärtigen Körper verlassen muss, nennen wir es Tod. Doch in Wirklichkeit lebt die Person immer noch. Weil wir aber mit unseren Augen nicht sehen, wie das Lebewesen, die Seele, immer noch eingehüllt in ihren feinstofflichen Körper, den physischen Körper verlässt, ziehen wir die falsche Schlussfolgerung, sie habe aufgehört zu existieren.

Aufgrund der falschen Identifikation mit dem vergänglichen Körper sind wir wie in einem Traum gefangen und nicht mehr in der Lage, unser ewiges Selbst, unsere wahre Identität als unzerstörbare Seele, zu erkennen. Wir sagen „Ich" und „Mein" zu den Dingen, die schon in wenigen Jahren in ihre atomaren Bestandteile zerfallen werden. Wir betrachten all die vergänglichen „Bilder" dieser Welt als Realität, ohne zu sehen, dass diese so genannte Realität, bereits im nächsten Augenblick für immer vernichtet werden kann.

Die Wurzel all dieser Irrtümer, quasi einer Aneinanderreihung vieler Irrtümer, liegt in der falschen Grundannahme, wir seien Materie und besäßen eventuell noch eine ewige Seele.

Reinkarnation

> Jemandem, der geboren wurde, ist der Tod gewiss,
> und jemandem, der gestorben ist, ist die Geburt gewiss.
> (Bhagavad-Gita 2.27)

Allein aus dem Verständnis und der Erkenntnis, „ich bin die Seele", verschiebt sich der Blickwinkel auf das Leben und die Welt fundamental. Wer zusätzlich verstehen kann, dass Gott die Seelen nicht aus einer Laune heraus in diesen Kosmos hinein wirft, sondern dieser Kosmos klares Zeugnis dafür legt, dass Gott der Seele Willensfreiheit schenkt,[7] der kann die Notwendigkeit der fortlaufenden Wiedergeburt der Seele innerhalb des Kosmos prinzipiell verstehen.

Reinkarnation ist eine natürliche und zwingende Notwendigkeit, durch die Gott einerseits die obgenannte Willensfreiheit gewährleistet und andererseits der Seele die Grundlage bietet, aus dieser Freiheit heraus, den Weg in seine ewigen Liebeswelt einzuschlagen.

Weshalb also, hängt dem Reinkarnationsgedanken der Hauch von Aberglauben, New Age und östlichem Mystizismus an? Wer dieser Frage nachgeht, wird sich immer mehr verwundern und ihm wird vielmehr das sture Beharren an der Idee, es gäbe nur ein verkörpertes Leben, als Aberglaube erscheinen. Auch die Unterstellung, es handle sich lediglich um eine „New-Age"-Erscheinung, muss man schon fast als arglistig bezeichnen. Gerade in den relativ alten Kulturen der Kelten, Griechen und Ägyptern oder eben der vedischen, der ältesten Kultur der Welt, gehörte die Reinkarnationslehre zum selbstverständlichen Grundwissen. Dieser Gedanke hat mit Sicherheit auch nichts mit östlichem Mystizismus zu tun. Das beweist allein die Tatsache, dass nordische Völker Europas bis hin zu den Eskimos, den keltischen Druiden, aber auch islamische Sufis, afrikanische Ureinwohner (z. B. die Zulus) und verschiedene alte Indianerkulturen auf dem ganzen amerikanischen Kontinent dieses Wissen kannten und lehrten. So kann auch jeder feststellen, dass die Reinkarnati-

---

[7] Ohne dieses Geschenk der Willensfreiheit bräuchte Gott gar nicht erst die Gesamtheit der Materie (Prakriti) zu manifestieren.

onslehre im urchristlichen Glaubensverständnis enthalten war und über die ersten Jahrhunderte heiß diskutiert wurde.

Um Dokumente und Schriftrollen vor dem Zugriff feindlicher Kräfte und vor Veränderung zu schützen, wurden diese in der Zeit nach Christus häufig in umliegende Klöster oder Höhlen ausgelagert. Funde von urchristlichen Texten unter anderem in Qumran könnten vielleicht Aufschluss über die ursprünglichen Lehren Jesu geben. Doch die Auswertung dieser Texte wird von verschiedenen Seiten stark behindert. Zu groß sind die Interessen der katholischen Kirche, den „Status Quo" aufrecht zu erhalten, und nicht minder groß sind die Interessen jener, die ihre materialistische Weltsicht verteidigen wollen, indem sie alles rein weltlich zu interpretieren versuchen.

Doch ein anderes, in einem buddhistischen Kloster in Tibet ausgelagertes, urchristliches Dokument ist um 1881 von Reverend G. J. Ouseley aus dem aramäischen Urtext übersetzt worden. Es stimmt mit den Aussagen der Bibel weitgehend überein und auch die Gemeinsamkeit von Sprache, Ausdruck und Stil sind laut Ouseley eindeutig.

In Kapitel 37, Vers 6-8 erklärt dort Jesu die Reinkarnation wie folgt:

„Das Licht scheinet vom Osten zum Westen; aus der Finsternis steigt die Sonne empor und geht wieder hinab in die Finsternis. Also ergehet es dem Menschen in alle Ewigkeit. Wenn sie aus der Finsternis kommt, so hat sie vorher gelebt, und wenn sie wieder niedersinkt, so geschieht es, auf dass sie ein wenig raste und dann abermals lebe. Also müsset ihr durch viele Wandlungen hindurch, damit ihr vollkommen werdet, so wie es geschrieben steht in dem Buche Hiob: Ich bin ein Wanderer und wechsle einen Platz nach dem andern und ein Haus nach dem andern, bis ich in die Stadt und in das Haus komme, die ewig sind."[8]

Diese Textstelle ist nicht etwa nur aus dem Zusammenhang genommen und zitiert worden, sondern die ganze Schrift zeugt im Gesamtverständnis von der Reinkarnation als Selbstverständlichkeit.

Weitere Hinweise für das urchristliche Verständnis der Reinkarnation findet sich in den Bruchstücken des bei den Funden von Nag Hammadi wieder aufgetauchten Philippusevangeliums:

---

[8] Das Evangelium des vollkommenen Lebens, 6. Auflage, Humata Verlag

„Die Wahrheit kam nicht nackt in die Welt, sondern sie kam in den Sinnbildern und Abbildern. Die Welt wird sie nicht auf eine andere Weise erhalten. Es gibt eine Wiedergeburt und eine Abbild-Wiedergeburt. Es ziemt sich wahrhaftig, dass man durch das Abbild wiedergeboren wird...“[9]

Aus einer anderen bei Nag Hammadi gefundenen Schrift, der „Exegese über die Seele“, stammt folgendes Zitat:

„So wird die Seele durch die Wiedergeburt gerettet werden. Das aber kommt nicht durch asketische Worte, auch nicht durch Künste, auch nicht durch geschriebene Lehren, sondern es ist die Gnade Gottes, vielmehr ist es das Geschenk Gottes für den Menschen."[10]

Schon unmittelbar nach dem Weggehen von Jesu nahm die Auseinandersetzung um seine Botschaft ihren Anfang. Die Jerusalemer Urchristen um Jakobus legten großen Wert auf die Bemühungen des Einzelnen, ein aufrichtiges gottbewusstes Leben zu führen. Sie verstanden Jesus Christus nicht als Gott, sondern als Gesandter Gottes und deshalb von gleichem reinen Wesen. Klemens von Alexandrien (um 150 bis 216), Origenes (185 bis 254) und Arius (256 bis 336) dürften als bedeutendste Vertreter dieser Lehre gelten. Doch sie und ihre Schriften sind von dem sich langsam zur Staatsreligion entwickelnden römisch-paulinischen Christentum bekämpft, verfälscht und verfolgt worden. So hatte Kaiser Konstantin an alle Christengemeinden den Befehl erlassen, sämtliche Schriften des Arius zu verbrennen. Der Befehl schloss mit den bezeichnenden Worten: „Wer ein Buch von ihm verbirgt, ist des Todes! Bewahre euch Gott!“[11] Origenes und seine Schriften wurden beim Konzil zu Konstantinopel (553) mit folgendem Bannfluch belegt:

„Wer daran glaubt, die Seele existiere schon vorher (vor dem Körper) und erfahre später eine neue Verleiblichung, der sei verflucht.“

Um aufzuzeigen, wie klar diese Kirchenväter den Gedanken um Reinkarnation und Karma gelehrt haben, führen wir deshalb folgendes Zitat aus Origenes "de princpes" an:

---

[9] in Das Evangelium des vollkommenen Lebens, Fußnote 24
[10] Codex II, 134,29-32, in Das Evangelium des vollkommenen Lebens, Fußnote 24
[11] vgl. R. Sträuli, Origenes der Diamantene, 1987, S. 138

„Wenn man wissen will, weshalb die menschliche Seele das eine Mal dem Guten gehorcht, das andere Mal dem Bösen, so hat man die Ursache in einem Leben zu suchen, das dem jetzigen Leben voranging. Jeder von uns eilt der Vollkommenheit durch eine Aufeinanderfolge von Lebensläufen zu. Wir sind gebunden, stets neue und stets bessere Lebensläufe zu führen, sei es auf Erden, sei es in anderen Welten. Unsere Hingabe an Gott, die uns von allem Übel reinigt, bedeutet das Ende unserer Wiedergeburt......

......Aufgrund einer Anziehung an das Böse nehmen bestimmte Seelen Körper an, zunächst einen menschlichen. Nachdem ihre Lebensspanne als Mensch dann abgelaufen ist, wechseln sie aufgrund irrationaler Begierden in einen Tierkörper über, von wo sie auf die Ebene von Pflanzen sinken. Aus diesem Zustand erheben sie sich wieder, indem sie die gleichen Stufen durchlaufen, und kehren zu ihren himmlischen Orten zurück."[12]

Konnte eine urchristliche Schrift der institutionellen Zensur entgehen, erhielt sie in alter und neuer Zeit den Stempel des Irrglaubens und Sektierertums.

Wie steht es nun aber mit den inspirierten Evangelien, die von der Kanonisation als würdig befunden wurden? Tatsächlich findet sich in ihnen kein direkter Beweis dafür, dass die Reinkarnation im Urchristentum gelehrt wurde. Den gestrengen Augen der klerikalen Korrektoren sind nur einige wenige Stellen entgangen, die indirekt, aber zum Teil eindeutig auf das vorhandene Wissen um die Reinkarnation hinweisen:

„Und im Vorübergehen sah er einen Menschen, der von Geburt an blind war. Und seine Jünger fragten ihn: Rabbi, wer hat gesündigt, dieser oder seine Eltern, dass er blind geboren worden ist? Jesus antwortete: Weder dieser hat gesündigt noch seine Eltern, sondern das Wirken Gottes soll an ihm offenbar werden." (Joh. 9.1-3)

Wenn bei einem von Geburt an Blinden gefragt wird, ob er für frühere Sünden büßen müsse, können diese Sünden nur vor der Geburt begangen worden sein. Allein dass die Jünger diese Frage stellen, bringt ihr Wissen um die Reinkarnation zum Ausdruck. Jesus geht in seiner Antwort jedoch nicht auf diesen Punkt ein, sondern benützt die Gelegenheit,

---

[12] in R. Zürrer, Reinkarnation, 2. Auflage, S. 290

um die wunderbare Allmacht Gottes zu preisen. Weitere Ausführungen wären der Zensur wohl nur schwerlich entgangen.

Rein philosophisch zwingt sich Reinkarnation in ein Weltbild, dessen Gott sowohl allmächtig als auch allgütig und voller Liebe ist. Im Vishnuismus gilt der Kosmos und das Rad der Wiedergeburt als Ausdruck von Gottes Liebe zu allen Seelen, die unabhängig von ihm quasi kleine Götter sein möchten. Er stellt die materielle Energie zur Verfügung, die es all diesen unzähligen Seelen ermöglicht, ihre eigenen Wünsche auszudrücken. Gleichzeitig bietet die Materie der Seele die Möglichkeit einzusehen, dass ihr Gott-Spielen ein kindisches und letztlich unbefriedigendes Unterfangen darstellt.

Wissenschaftliche Untersuchungen der Reinkarnation

Professor Dr. Jan Stevenson, Carlson-Professor für Psychiatrie, wollte die Reinkarnation wissenschaftlich genau belegen. Er suchte auf der ganzen Welt nach Menschen, die behaupteten, sich an ein früheres Leben erinnern zu können, um dann ihre Aussagen auf den Wahrheitsgehalt hin zu überprüfen. So hatte er vor der Veröffentlichung seines Buches „Twenty cases suggestive of Reincarnation", 1974, bereits über 1'500 Fälle gesammelt und erforscht. Im folgenden geben wir eine kurze Zusammenfassung des Falles Prakash:

> Im April 1950 starb ein Junge von zehn Jahren namens Nirmal, Sohn von Shri Bholanath Jain, an Pocken im Hause seiner Eltern in Kosi Kalan, einer Stadt im Distrikt Mathura im Staate Uttar Pradesh. Am Tag seines Todes war er im Delirium und reizbar gewesen. Er sagte zu seiner Mutter: „Du bist nicht meine Mutter. Du bist eine Jatni. Ich will zu meiner Mutter gehen." Als er dies sagte, deutete er in Richtung von Mathura und einer kleineren Stadt in der gleichen Richtung mit Namen Chhatta, die etwa 9 km von Kosi Kalan entfernt liegt.
>
> Im August 1951 wurde der Ehefrau von Shri Brijlal Varshnay in Chhatta ein Sohn geboren, den man Prakash nannte. Als Säugling fiel Prakash dadurch auf, dass er mehr schrie als andere Kinder, aber sonst zeigte er kein ungewöhnliches Benehmen, bis er etwa viereinhalb Jahre alt war. Zu dieser Zeit begann er, mitten in der Nacht aufzuwachen und aus dem Haus auf die Straße zu laufen. Wenn man ihn anhielt, pflegte er zu sagen, er „gehöre" nach Kosi Kalan, sein Name sei Nirmal und er wolle zu seinem alten Haus gehen. Er sagte, sein Vater sei Bholanath. Prakash bestand darauf, Nirmal gerufen zu werden und antwortete manchmal nicht, wenn man ihn Prakash nannte. Er sagte seiner Mutter, sie sei nicht seine Mutter und klagte über die Einfachheit des Hauses, in dem sie wohnten. Sein früheres Haus sei aus Backsteinen (pukka) gewesen, dieses hier nur aus getrocknetem Schlamm (kachcha). Er redete von den vier Ladengeschäften „seines Vaters", nämlich einem Getreide-, einem Kleider- und einem Gemischtwarenladen, sowie von seinem eisernen Geldschrank und den

Mitgliedern der früheren Familie. Oft weinte er lange und lief während der Periode weg, in der er verlangte, nach Kosi Kalan gehen zu dürfen, ohne etwas gegessen zu haben. Eines Tages nahm Prakash einen großen Nagel und brach in Richtung Kosi Kalan auf. Familienmitglieder suchten und fanden ihn in einer Entfernung von einem Kilometer in Richtung Kosi Kalan. Auf die Frage, was der Nagel solle, antwortete Prakash: „Das ist der Schlüssel für meinen eisernen Geldschrank." Er bat seine Familie so dringend, ihn nach Kosi Kalan mitzunehmen, daß an einem Tag im Jahre 1956 – in der Hoffnung, ihn zu beruhigen – sein Onkel väterlicherseits ihn zu einem Bus brachte, der Richtung Mathura, nicht aber nach Kosi Kalan fuhr. Prakash bemerkte jedoch sofort den Irrtum und rief, er wolle nach Kosi Kalan. Sein Onkel setzte ihn dann in den richtigen Bus und brachte ihn nach Kosi Kalan. Prakash ging zu dem Laden von Shri Bholonath Jain, aber erkannte den Laden nicht wieder, vielleicht weil dieser in der Zeit von Shri Jains Abwesenheit geschlossen war. Aus diesem Grunde lernte er die Familie Jain bei diesem Besuch nicht kennen. Die Familie Jain jedoch hörte von seinem Besuch in Kosi Kalan.

Nachdem Prakash das erste Mal von Kosi Kalan zurückgekehrt war, belästigte er weiter seine Familie mit seinem Wunsche, dorthin zurückzukehren. Diese probierte verschiedene Methoden aus, um ihn Nirmal und Kosi Kalan vergessen zu lassen. So ließ man ihn z. B. in umgekehrter Uhrzeigerrichtung auf einer Töpferschale herumwirbeln in der Annahme, das beeinträchtige das Gedächtnis. Zuletzt schlug man ihn.

Im Frühsommer 1961 war Shri Bholanath Jain, der tatsächlich wie von Prakash beschrieben, vier Ladengeschäfte betrieb, mit seiner Tochter Memo auf einer Geschäftsreise in Chhatta. Dort begegnete er Prakash, der ihn als seinen „Vater" wiedererkannte. Memo war noch nicht geboren, als Nirmal starb. Prakash bezeichnete Memo als seine Schwester Vimla, die zur Todeszeit Nirmals im selben Alter wie Memo bei dieser Begegnung war. Er fragte Memo nach Jagdish und Tara, Bruder und Schwester von Nirmal, ohne dass diese vorher erwähnt worden wären. Einige Tage später besuchten Nirmals Mutter, seine ältere Schwester Tara und sein Bruder Devendra den Prakash in Chhatta. Prakash weinte vor Freude, als er Nirmals ältere Schwester

Tara erblickte und erkannte auch die Mutter und den Bruder wieder. Auf Drängen Prakashs überredete die Familie Jain seine Eltern, ihm nochmals einen Besuch in Kosi Kalan zu gestatten. Prakash zeigte den Weg von der Bußstation zu dem Hause der Jains (etwa dreiviertel Kilometer mit vielen Kurven) in Kosi Kalan, obwohl Tara verschiedentlich versuchte, ihn irrezuführen. Dort angekommen, zögerte er beim Eingang, der seit dem Tode Nirmals vollständig verändert worden war. Es handelte sich tatsächlich um ein Backsteinhaus, wie Prakash immer behauptet hatte. Er erkannte die Nachbarn und früheren Familienangehörigen wieder, nannte ihre Namen, bezeichnete die Orte ihrer Ladengeschäfte und bezeichnete die richtigen Verwandtschaftsgrade. Einer der früheren Nachbarn verbrachte seit einigen Jahren die meiste Zeit in der weit entfernten Stadt Bundi, so dass es sogar für einen ständigen Bewohner von Kosi Kalan schwer gewesen wäre, ihn mit seinem Geschäft in Verbindung zu bringen. Prakash erkannte das Zimmer wieder, in dem er als Nirmal geschlafen hatte und auch das Zimmer, in das er kurz vor seinem Tode gebracht worden war und schließlich starb. Er zeigte die Ecke auf dem Hause der Jains, die Nirmal als Latrine benutzt hatte. Auch der Kassenschrank, in dem sich seine Schublade befand, war wie beschrieben vorhanden. Er erkannte eine Kette mit Diamanten als Eigentum von Nirmals Großvater und zwei von Nirmals Unterhemden, die die Familie nach seinem Tod aufbewahrt hatte. Bei einem kleinen Karren im Hause Jain sagte er: „Damit hab ich oft gespielt." Und schließlich erkannte er sogar den Steuereinnehmer und den Hausarzt der Familie Jain.

Nirmals Familie gewann die Überzeugung, dieser sei als Prakash wiedergeboren worden. Allerdings verstärkten der zweite Besuch in Kosi Kalan und die Begegnung mit Mitgliedern der Familie Jain nachhaltig die Sehnsucht Prakashs, nach Kosi Kalan zu gehen. So folgten für ihn und seine Familien schwierige Jahre.[13]

Ich werde in Gesprächen oft gefragt: „Warum erinnern wir uns denn nicht an unsere früheren Leben?" Ich denke, gerade dieser obige Bericht zeigt deutlich auf, warum die Veden das Vergessen unserer früheren Leben als Segen bezeichnen. Die Erinnerung bringt Konflikte und stört die

---

[13] vgl. Ian Stevenson, Reinkarnation, 3. Auflage 1979, S. 35 - 50

inneren Familienbeziehungen (gestörte emotionale Beziehungen zwischen Kind, Vater und Mutter), was für alle Beteiligten mit Schmerz verbunden ist. Solche Erinnerungen behindern auch das ungestörte Ausleben der Wünsche und Sehnsüchte, welche durch die körperlichen Beziehungen erfüllt werden sollen, usw.

Weitere wissenschaftliche Bestätigung erfährt die Reinkarnationslehre in der Reinkarnationstherapie. T. Dethlevsen, Dr. M. Netherton und Dr. N. Shiffrin, H. Wambach, Dr. E. Fiore - um nur einige zu nennen - haben in ihren ausführlichen Büchern Dutzende Fälle aufgeführt, die Reinkarnation mehr als nahe legen. Einzeln genommen, könnte man von Zufall, Einbildung und Ähnlichem sprechen. Doch bei der Flut dieser Rückerinnerungen immer noch nach anderen Erklärungen als der Reinkarnation Ausschau zu halten, ist zweifellos eine „Vogel-Strauß"-Politik.

Als Beispiel führen wir hier den Fall Kay aus einer Untersuchung von Dr. Netherton auf:

Die junge Frau stand kurz vor ihrer Hochzeit und freute sich riesig darauf. Bei einer routinemäßigen Vorsorgeuntersuchung fand der Arzt Krebs im Anfangsstadium. Er riet dringend dazu, die kranke Gebärmutter völlig zu entfernen. Kay hätte also niemals Mutter werden können. Das war ein Schock!

Beim Psychotherapeuten sah Kay folgende Geschichte aus ihrem früheren Leben: „Ich liege auf dem Bett. Ein Mann, der neben mir steht , sagt: 'Was mir jetzt noch gefehlt hat, ist ein weiteres Kind.' Wir sind in einem aus Stein erbauten Haus. Ich bringe gerade ein Kind zur Welt. Wir sind zu dritt. Ich, meine Hebamme und mein Mann. Es ist wohl irgendwo in Europa - Gemälde an der Wand. Jagdbilder und solche Sachen - Ich presse sehr stark. Und er sagt: 'Was mir jetzt noch gefehlt hat, ist dieses Kind - zu den zehn, die wir schon haben. Tausend Dank. Elf Jahre, zehn Kinder. Allmächtiger Gott!'

Die Hebamme versucht, ihn zu beruhigen und sich gleichzeitig um mich zu kümmern. Aber nie zuvor war es wie diesmal. Ich schaffe es einfach nicht. Ich weiß nicht, was passiert. Die Hebamme weiß es. Wir blicken einander an. Jetzt kommt das Kind. Sie sagt: 'Es ist etwas falsch. Es kommt nicht richtig. Oh, Jesus, die Gebärmutter reißt. Sie reißt auf. Ich spüre Panik. Und etwas Warmes. Etwas läuft mir die Beine herunter. Ich werde ohnmächtig. Das letzte, was ich höre: 'Ihre Mutter hat gesagt, sie sei zu schwach, sie hätte nie heiraten sollen.'"

Hatte Kay Angst vor der Heirat? Unbewusst Angst vor einer Schwangerschaft? Dr. Netherton sagt dazu: „Ich habe schon lange das Gefühl, dass Krebs der 'Auswuchs' emotionaler Probleme ist, wenn ich auch nie behaupten würde, dass der physische Schaden, den ein einmal ausgebrochener Krebs angerichtet hat, behoben werden kann, wenn man die ursächlichen psychischen Schwierigkeiten aufdeckt."

Bei Kay scheint die „Aufdeckung" trotzdem geholfen zu haben: Eine erneute Untersuchung zeigte, dass keine Spur von Krebs mehr vorhanden war. Die Hochzeit fand termingerecht statt. Zwei Jahre später wurde Kay Mutter eines gesunden Jungen.

Selbstverständlich sind solche Berichte nicht leicht zu begreifen. Noch schwerer ist es, sie zu deuten. Andererseits kann man aber auch nicht unberührt daran vorbeigehen. Denn: Einmal stammen sie nicht nur von einem einzelnen Arzt, sondern von mehreren. Zum anderen verhelfen die „Erinnerungen" zur Heilung.
Welche Deutungsmöglichkeiten gäbe es denn, wollte man unbedingt der Wiedergeburt ausweichen?[14]

Zwar nicht unbedingt als Beweis für die Reinkarnation, aber doch zumindest für die Weiterexistenz der Persönlichkeit nach deren körperlichen Tod, führe ich die Todesnähe-Erlebnisse auf. Dr. Raymond Avery Moody Jr. Galt lange als die führende Kapazität auf diesem Gebiet der wissenschaftlichen Erforschung.
Die folgenden Untersuchungsauszüge sprechen für sich:

"Wie in diesem Kapitel zu sehen ist, enthalten verschiedene Theorien – theologische, medizinische und psychologische – die Tendenz, das Todesnähe-Erlebnis als körperliches oder psychisches Phänomen

---

[14] in K. Allgeier, Du hast schon einmal gelebt, 6 Auflage, S. 62 - 63

hinzustellen, das mehr mit einer Fehlfunktion des Gehirns als mit einem spirituellen Abenteuer zu tun hat.

Zwei Punkte passen den Vertretern dieser Auffassung jedoch überhaupt nicht ins Konzept: Wie kommt es, dass die Patienten ihre eigene Wiederbelebung so detailliert schildern und genau und lückenlos erklären können, wie die Ärzte vorgingen, um sie ins Leben zurückzuholen? Und warum können so viele Menschen nachträglich beschreiben, was sich in anderen Räumen des Krankenhauses abspielte, während sie im Operationssaal wiederbelebt wurden?[15]

Für mich sind das zugleich die schwierigsten Fragen, die sich dem Todesnähe-Forscher stellen. In der Tat gibt es darauf bisher keine andere Antwort als die Feststellung: Diese Dinge sind tatsächlich vorgekommen.

Bevor ich auf das breite Spektrum von Erklärungsversuchen für Todesnähe-Erfahrungen eingehe, wollen wir uns erst noch ein paar Beispiele dieses Phänomens ansehen.

Ein neunundvierzigjähriger Mann erlitt einen so schweren Herzanfall, dass der Arzt nach fünfunddreißig Minuten angestrengter Wiederbelebungsversuche aufgab und den Totenschein auszustellen begann. Aber dann bemerkte jemand ein Aufflackern der Lebensgeister und der Arzt machte sich mit Elektroschock- und Beatmungsgerät noch einmal daran, das Herz des Patienten wieder in Gang zu bringen, was ihm auch gelang.

Als der Patient am nächsten Tag wieder klar war, konnte er in allen Einzelheiten beschreiben, was im Notfallraum geschehen war. Der Arzt war überrascht. Noch mehr überraschte in freilich seine lebensechte Schilderung der assistierenden Schwester.

Er beschrieb sie vorzüglich, bis hin zu ihrer Keilfrisur und ihrem Nachnamen Hawkes. Er erzählte, sie habe einen Wagen über den Gang geschoben mit einem Apparat darauf, an dem zwei tischtennisschlägerartige Teile befestigt gewesen seien (ein Elektroschockgerät, das zur Grundausrüstung für die Reanimation gehört).

---

[15] Man erinnere sich: Zu dieser Zeit war das Fernsehen noch in den Kinderschuhen. Es gab keine Krankenhausserien wie „Emergency Room" und andere. Ausgestrahlt wurde noch in Schwarz-Weiss.

Der Arzt fragte, woher er den Namen der Schwester wisse und was sie während seines Herzanfalls getan habe. Er habe sich aus seinem Körper heraus in den Korridor bewegt, um nach seiner Frau zu sehen, antwortete der Patient, und dabei sei er genau durch Schwester Hawkes hindurchgegangen. Er habe ihr Namensschild gelesen und sich ihren Namen gemerkt, um ihr später danken zu können.

Ich unterhielt mich mit dem Arzt ausführlich über diesen Fall. Er fühlte sich durch das Geschehen ziemlich verunsichert. Es gebe nur eine Erklärung, warum der Patient diese Dinge so präzise berichten konnte, sagte der Arzt: Er müsse sie tatsächlich miterlebt haben.

Auf Long Island beschrieb eine siebzigjährige Frau sehr genau und anschaulich, was um sie herum passierte, als die Ärzte sie nach einem Herzanfall reanimierten. Diese Frau war seit ihrem achtzehnten Lebensjahr blind.

Sie konnte nicht nur beschreiben, wie die angewendeten Instrumente aussahen, sondern sogar ihre Farbe angeben.

Das Erstaunlichste für mich war, dass es die meisten dieser Instrumente noch gar nicht gab, als diese Frau vor über fünfzig Jahren das Augenlicht verlor. Und die Krönung war, dass sie sogar wusste, dass der Arzt einen blauen Anzug an hatte[16], als er mit der Reanimation begann."[17]

Diese wissenschaftliche Indizienkette macht deutlich, dass es sich bei der Reinkarnationsfrage keinesfalls allein um eine Glaubensfrage handeln kann. Solche Phänomene zeigen aber auch auf, dass Wissenschaft und Spiritualität ihre Berührungspunkte haben.

Nach welchen Gesetzmäßigkeiten die Reinkarnation vonstatten geht, ist Gegenstand des nächsten Kapitels.

---

[16] Er hatte offenbar keine Zeit gehabt, den in den USA üblichen grünen Ärzteschurz anzuziehen.

[17] R. A. Moody, Das Licht von drüben, Rowohlt Verlag GmbH in Lizenz der Ex Libris, S. 155 - 157

Karma

Wir suchen bei der Barmherzigkeit Zuflucht
nicht bei der Gerechtigkeit.
(B. R. Sridhara Swami)

Unserer begrenzten Sicht erscheinen viele Dinge zufällig, doch in Wirklichkeit sind es keine Zufälle, sondern Wirkungen, die uns aufgrund der vergangenen Taten zufallen. Karma ist das Naturgesetz von Aktion und Reaktion, das unter der direkten Kontrolle des höchsten Herrn dafür sorgt, dass jedes Lebewesen die Früchte seines eigenen guten und schlechten Tuns entgegennehmen muss. Es ähnelt vom Prinzip her dem newtonschen Gesetz von Ursache und Wirkung, ist jedoch aufgrund seines subtilen Charakters nicht experimentell belegbar.

Die vedischen Schriften erklären, dass der Körper, den wir erhalten, und die Bedingungen, unter denen wir geboren werden, einerseits von unseren inneren Wünschen (siehe vorherige Kapitel) und andererseits von unseren vergangenen Taten abhängen. Unsere Handlungsweise und die daraus entstehenden Reaktionen bestimmen, inwieweit unsere Wünsche erfüllt werden können.

Aufgrund unserer Wünsche und den uns zustehenden guten und schlechten Reaktionen auf vergangene Handlungen (Karma), leitet uns Gott von einem Leben zum anderen. So setzen wir uns immer wieder mit neuen Lebenslagen auseinander, die uns helfen sollen, uns geistig zu entwickeln und reifer zu werden. Doch immer in der bereits angesprochenen Freiheit des Willens.

Der 1892 in Wien geborene Bhakti-Lehrer Walter Eidlitz nennt dies treffend „das reinigende Fegefeuer der sich ständig wiederholenden Geburten und Tode". Dem Bhakti-Schüler wird gelehrt, dass es nichts Schlechtes gibt, was ihm widerfahren kann, selbst wenn es in irgendeiner Weise schmerzhaft sein sollte. Denn alles dient letztendlich dazu, das wahre Selbst wiederzuentdecken, um so in vollständiger Harmonie als liebender Diener mit Gott verbunden zu sein.

In der urchristlichen Lehre kannte man das Dogma der ewigen Verdammnis noch nicht. So finden sich in der Bibel zwar Aussagen darüber, wie der Lohn entsprechend der Handlung sein werde, es wird jedoch nicht mit der ewigen Verdammnis gedroht.

„Sein Frevel kommt zurück auf sein Haupt, auf seinen Scheitel seine Untat." (Ps 7.17)

„In dem Werke seiner Hände ist der Gottlose verstrickt." (Ps 9.17)

„Der Herr tat mir nach meiner Gerechtigkeit, nach der Reinheit meiner Hände vergalt er mir; denn ich hielt des Herrn Wege, fiel nicht frevelnd ab von meinem Gott. Denn alle seine Rechte hatte ich vor Augen, und seine Satzungen tat ich nicht von mir. Ich war unsträflich gegen ihn und hütete mich vor meiner Sünde. Darum vergalt mir der Herr nach meiner Gerechtigkeit, nach der Reinheit meiner Hände vor seinen Augen. Gegen den Frommen zeigst du dich fromm, gegen den Redlichen redlich; gegen den Reinen zeigst du dich rein, gegen den Verkehrten verkehrt."
(Ps 18.21-27)

„Gib ihnen nach ihrem Tun und nach der Bosheit ihrer Taten; nach dem Werk ihrer Hände gib ihnen, vergilt ihnen, wie sie es verdienen!"
(Ps 28.4)

„Gott spricht: Wehe dem Gottlosen! Ihm geht es schlimm; denn nach dem Tun seiner Hände wird ihm vergolten." (Jesaja 3.11)

„Dein Wandel und deine Taten haben dir solches bereitet. Das ist die Frucht deiner Bosheit, dass es nun so bitter steht und dir ans Herz greift."
(Jeremia 4.18)

„So soll denn auch mein Auge nicht gütig blicken, und ich will mich nicht erbarmen; ihren Wandel bringe ich über ihr Haupt." (Ez. 9.10)

„Darum will ich einen jeden von euch nach seinem Wandel richten, Haus Israel! spricht Gott der Herr. Kehret um und wendet euch ab von all euren Missetaten, damit sie euch nicht ein Anlass zur Bestrafung werden!" (Ez. 18.30)

„Nach deinem Wandel und nach deinen Taten will ich dich richten, spricht Gott der Herr." (Ez. 24.14)

„Denn der Sohn des Menschen wird in der Herrlichkeit seines Vaters mit seinen Engeln kommen, und dann wird er jedem nach seinem Tun vergelten." (Mt. 16.27)

„Denn wir alle müssen vor dem Richterstuhl Christi offenbar werden, damit jeder empfange, je nachdem er im Leibe gehandelt hat, es sei gut oder böse." (2. Kor. 5.10)

„Denn jeder wird seine eigene Bürde zu tragen haben." (Gal. 6.5)
„Irret euch nicht! Gott lässt seiner nicht spotten. Denn was der Mensch sät, das wird er auch ernten." (Gal. 6.7)

Diese Zeugnisse des Karma-Gesetzes lassen keine ewige Verdammnis in irgendeiner Hölle zu. Nicht einmal irdische Eltern würden ihre Kinder ewiger Verdammnis preisgeben wollen. Fanatiker jedoch glauben, der höchste Vater aller Seelen, sei ein sadistisches Schwein, das seine Kinder in alle Ewigkeiten leiden lassen möchte. Doch der größte Sünder könnte in hundert Jahren nicht so viele Untaten begehen, durch welche ein qualvolles Verweilen in alle Ewigkeiten gerechtfertigt erscheinen könnte, ohne die Möglichkeit zur Einsicht und Umkehr.

Die karmischen Gesetze sind sehr streng, denn sie richten sich nach dem Gesetz der Gerechtigkeit. In grundsätzlicher Form ist dieses Verständnis noch in fast allen Schriften der Welt zu finden. So werden wir einerseits zu Wahrhaftigkeit, Einfachheit, Barmherzigkeit, Demut, Hingabe, Widmung, Opferbereitschaft u.s.w. angehalten und andererseits vor Lust, Zorn, Gier, Neid usw. gewarnt. Doch im Laufe der Zeit und mangels verwirklichter Vertreter dieser Botschaften sind diese Anweisungen relativiert und verändert worden, bis sie schließlich zu bloßen sozialpolitischen Moralvorstellungen verkommen sind.

Gerade im Urchristentum bildete dieser Punkt eine der heftigsten Streitfragen. Die urchristliche Gemeinde Jerusalems um Jakobus hielt die strenge Einhaltung verschiedener Gebote für absolut notwendig, um ein gottgefälliges Leben zu führen. Sie meinten damit nicht die alten, bereits degenerierten jüdischen Gesetze (z. B. der Beschneidung), sondern vielmehr die Gesetze der Einfachheit, Wahrhaftigkeit und Barmherzigkeit, wie sie Jesus gelehrt und gelebt hatte. Sie lehnten die von Paulus eingeführte Doktrin ab, wonach einzig der Glaube an Jesu wichtig sei. Solche Christen bezeichnete Origenes später als „Namenchristen".[18]

Dr. R. Eisenman stellt diesen Konflikt, gestützt auf die Qumran-Rollen, drastisch dar:

Die Apostelgeschichte, Josephus und die frühen Kirchenhistoriker zeichnen ein kohärentes, wenn auch höchst unvollständiges Bild von Jakobus, dem „Bruder des Herrn". Er erscheint als Ausbund der Ge-

---

[18] vgl. R. Sträuli, Origenes der Diamantene, 1987, S. 91 - 96

rechtigkeit – und zwar so sehr, dass er den Beinamen „der Gerechte" erhält – und ist der anerkannte Führer einer sektiererischen Religionsgemeinschaft (die ersten Christen galten als Sekte, Anmerk. d. Verfassers), deren Mitglieder „Eiferer für das Gesetz" sind. Er muss sich gegen zwei voneinander unabhängige Gegner behaupten. Einer davon ist Paulus, ein Außenstehender, der anfangs die Gemeinde verfolgt, sich dann bekehrt und in die Gemeinschaft aufgenommen wird, schließlich aber zum Renegaten wird, Ausflüchte erfindet und mit seinen Vorgesetzten ständig im Streit liegt, das Bild von Jesus usurpiert und seine eigene Lehre zu verkünden beginnt – eine Lehre, die zwar von der Lehre der Urchristen ausgeht, sie aber entstellt...

....Als er (Dr. R. Eisenman) die fragmentarischen Details in den Qumrantexten in einer zusammenhängenden Folge geordnet hatte, ergab sich eine außerordentliche Übereinstimmung mit der Chronik, wie sie die Apostelgeschichte, Josephus und die frühen Kirchenhistoriker darstellen. Die Schriftrollen erzählen eine eigene Geschichte, und im Zentrum dieser Geschichte steht als einziger Protagonist der „Lehrer der Gerechtigkeit" - eine Persönlichkeit, die mit den gleichen Tugenden ausgestattet ist, die mit Jakobus assoziiert werden. Wie Jakobus ist der „Lehrer der Gerechtigkeit" der anerkannte Führer einer sektiererischen Religionsgemeinschaft, deren Mitglieder „Eiferer für das Gesetz" sind. Und wie Jakobus muss sich auch der „Lehrer der Gerechtigkeit" mit zwei voneinander unabhängigen Gegnern herumschlagen. Einer dieser Gegner wird als der „Lügenmann" – auch „Lügenpriester" oder „Mann der Lüge" – bezeichnet. Er ist ein Außenstehender, der in die Gemeinde aufgenommen worden ist, sich dann als Renegat erweist, mit dem „Lehrer der Gerechtigkeit" in Streit gerät, die Lehre der Gemeinde zum Teil usurpiert und etliche Gemeindemitglieder auf seine Seite hinüber zieht. Im Habakuk-Kommentar (eine der Qumranrollen) steht geschrieben: „Die Abtrünnigen mit dem Lügenmann ... hörten nicht auf die Worte des Lehrers der Gerechtigkeit aus dem Munde Gottes." Statt dessen habe er sich an „die Abtrünnigen vom neuen Bund" gewandt, die „nicht an den Bund Gottes glauben und seinen heiligen Namen entweihten". Im Text ist ausdrücklich die Rede vom „Lügenmann, der verworfen hat das Gesetz inmitten ihrer ganzen Gemeinde". Und er spricht vom „Lügenprediger, der viele verleitete ... eine Gemeinde durch Lüge zu errichten".

Im weiteren heißt es von ihm, dass er viele „schwanger gehen ließ mit Werken der Lüge". Dies sind aber genau die Vergehen, deren Paulus in der Apostelgeschichte angeklagt wird. Und genau diese Vergehen führen am Ende der Apostelgeschichte zu einem Angriff auf sein Leben...

... Im Habakuk-Kommentar wird dieselbe Stelle aus dem Buch Habakuk zitiert und anschließend erläutert:

„'Aber der Gerechte soll leben durch seinen Glauben.' Seine Deutung bezieht sich auf Täter des Gesetzes im Hause Juda, die Gott erretten wird aus dem Hause des Gerichtes, wegen ihrer Drangsal und wegen ihres Glaubens an den Lehrer der Gerechtigkeit."

Diese außerordentliche Passage lässt deutlich eine Formulierung der Lehre der Urkirche anklingen. Diese besagt ausdrücklich, Drangsal und der Glaube an den „Lehrer der Gerechtigkeit" stelle den Weg dar zur Befreiung und Erlösung. Aus dieser Stelle in den Schriften vom Toten Meer muss Paulus das Fundament für seine Theologie abgeleitet haben. Aber in der fraglichen Stelle heißt es weiter und unmissverständlich, dass Drangsal und der Glaube an den „Lehrer der Gerechtigkeit" nur jene erretten werde, „die das Gesetz befolgen im Hause Juda". Aber gerade diese Betonung der Treue zum Gesetz geruhte Paulus zu ignorieren, und damit ist sein Streit mit Jakobus und den anderen Mitgliedern der Urkirche um die rechte Lehre vorprogrammiert.[19]

---

[19] M. Baigent/R. Leigh, Verschlußsache Jesus, 1991, S. 246 - 251

Der Missbrauch des Glaubens

Herr, bitte gib mir die Kraft,
zu ändern, was schlecht ist.
Bitte, gib mir die Geduld,
zu ertragen, was schlecht ist
und ich nicht ändern kann.
Und bitte gib mir die Intelligenz,
zwischen beidem zu unterscheiden.
(Franz von Assisi)

Glaube ist das Fundament, der Boden, auf dem sich die unendliche Vielfalt des liebevollen Gottdienens entfalten kann. Sich einfach auf dem Boden des Glaubens in eine ruhige Ecke zu setzen, wird jedoch niemanden ans Ziel, zu Gott, führen. Genausowenig wie wir unsere materiellen Bedürfnisse erfüllen können, wenn wir uns untätig irgendwo hinsetzen.

Durch sein überliefertes Beispiel hat Jesu selbst gezeigt, was unter Barmherzigkeit, Einfachheit u.s.w. zu verstehen ist. Heute messen vor allem die in den letzten Jahrzehnten entstandenen Freikirchen dem persönlichen Beispiel Jesu keine große Bedeutung mehr bei, sondern reduzieren seine Heilsbotschaft einzig auf seinen „Opfertod" mit dem er angeblich allen Erlösung schenkt, die an ihn glauben.

Doch Jesu selbst hat nachdrücklich von dieser Art des Glaubens gewarnt:

„Meinet nicht, dass ich gekommen sei, das Gesetz oder die Propheten aufzulösen. Ich bin nicht gekommen, aufzulösen, sondern zu erfüllen. Denn wahrlich, ich sage euch: Bis der Himmel und die Erde vergehen, wird nicht ein einziges Jota oder Strichlein vom Gesetz vergehen, bis alles geschehen ist. Wer nun eins dieser kleinsten Gebote auflöst und die Menschen so lehrt, wird der Kleinste heißen im Reich der Himmel. Wer sie aber tut und lehrt, der wird groß heißen im Reich der Himmel."
(Mt. 5.17-19)

„Nicht jeder, der zu mir sagt: Herr, Herr! wird in das Reich der Himmel kommen, sondern wer den Willen meines Vaters in den Himmeln tut. ..... Und dann werde ich ihnen bekennen: Ich habe euch nie gekannt; weichet von mir, die ihr begeht, was wider das Gesetz ist." (Mt. 7.21/23)

„Jeder nun, der diese meine Worte hört und sie tut, ist einem klugen Manne zu vergleichen, der sein Haus auf den Felsen baute." (Mt. 7.24)

„Denn wer den Willen meines Vaters in den Himmeln tut, der ist mir Bruder und Schwester und Mutter." (Mt. 12.50)

Gerade in Beziehung zur Einhaltung der Gesetze treffen wir auf schlimme Missinterpretationen. Die Abschiedsrede Jesu an seine Jünger wird oft zitiert, um damit zu begründen, dass alle Menschen, die nicht ausschließlich an Jesu glauben, verloren seien. Liest man aber bei dem betreffenden Zitat weiter, ergibt sich von selbst ein ganz anderer undogmatischer Sinn dahinter:

„Jesus sagt zu ihm: Ich bin der Weg und die Wahrheit und das Leben; niemand kommt zum Vater außer durch mich." (Joh. 14.7)

In den nächsten Versen erklärt Jesu wie der Vater durch ihn wirkt und verdeutlicht die obige Aussage mit der Aufforderung, seiner Botschaft und seinen Geboten nachzufolgen.

„Wahrlich, wahrlich, ich sage euch: Wer an mich glaubt, der wird die Werke, die ich tue, auch tun und wird größere als diese tun; denn ich gehe zum Vater, und was ihr in meinem Namen erbitten werdet, das werde ich tun, damit der Vater im Sohn verherrlicht wird. Wenn ihr in meinem Namen etwas erbitten werdet, werde ich es tun. Wenn ihr mich liebt, werdet ihr meine Gebote halten, und ich werde den Vater bitten, und er wird euch einen andern Beistand geben, damit er in Ewigkeit bei euch sei." (Joh. 14.12 -16)

Dann ermutigt er seine Jünger, indem er ihnen verspricht, dass sie auf diese Weise nie alleine sein würden und drängt nochmals darauf, seiner Lehre und seinen Geboten nachzufolgen:

"Wer meine Gebote hat und sie hält, der ist es, der mich liebt. Wer aber mich liebt, wird von meinem Vater geliebt werden, und ich werde ihn lieben und mich ihm offenbaren." (Joh. 14.21)

„Wenn jemand mich liebt, wird er mein Wort halten, und mein Vater wird ihn lieben, und wir werden zu ihm kommen und Wohnung bei ihm machen. Wer mich nicht liebt, befolgt meine Worte nicht. Und das Wort, das ihr hört, ist nicht mein, sondern des Vaters, der mich gesandt hat." (Joh. 14.23/24)

Schließlich beendet er seine Abschiedsrede mit den Worten:

„Aber die Welt soll erkennen, dass ich den Vater liebe und so tue, wie mir der Vater geboten hat. Darum stehet auf, lasset uns von hier weggehen!" (Joh. 14.31)

Vier Dinge Fallen auf:

1. Wer an Jesu glaubt, hält seine Gebote. Ein Lippenbekenner wird von ihm zurück gewiesen.
2. Zum Vater kommt man durch das liebende Befolgen der Gebote, die auch vom Vater, von Gott, stammen. Jesu hat nichts Neues erfunden.
3. Gott kann jederzeit „andere Beistände" senden.
4. Jesu erfüllt die Wünsche Gottes. Die Einheit Jesu mit Gott besteht in der Einigkeit und der Liebe, nicht in der Person selbst. Noch heute spricht man von „einem Herz und einer Seele", wenn sich zwei Menschen lieben. Durch eine solche Herzens-Einheit entsteht aber kein Identitätsverlust. Gott bleibt Gott und Jesu bleibt sein Diener.

Was waren denn nun die Gebote, die Jesu gelehrt hat? Jesu sagt:

„Du sollst den Herrn, deinen Gott, lieben mit deinem ganzen Herzen und mit deiner ganzen Seele und mit deinem ganzen Denken. Dies ist das größte und erste Gebot." (Mt. 22.37/38)

„Das zweite ist ihm gleich: Du sollst deinen Nächsten lieben, wie dich selbst. An diesen zwei Geboten hängt das ganze Gesetz der Propheten." (Mt. 22.39/40)

Dies ist die harmonische Essenz der Lehre Jesu. Er hat uns diese Lehre als Beispiel praktisch vorgelebt. Er war immerzu in Gedanken an den Herrn versunken und diente ihm. Er lobpries und predigte den Namen und den Ruhm des Herrn. Er war allen barmherzig und gleich gesinnt. Dies wird in der Bibel an vielen Orten schön dargestellt. Doch in Unkenntnis über das Wesen der Seele wendete das institutionalisierte Christentum seine Frohbotschaft der Erlösung (aus der Materie) nur auf die Menschen an. Dem Missbrauch von Tier und Pflanzen wurde nicht große Beachtung geschenkt, obwohl Jesu selber, die Urchristen und später die wenigen verwirklichten Nachfolger, Tiere als Bruder und Schwester ansahen. Dass auch hier entsprechende Lehren Jesu nicht in die kanonisierte Bibel aufgenommen wurden, veranschaulicht folgender Abschnitt aus dem Evangelium des vollkommenen Lebens:

"Und Jesus kam zu einem Baum, unter dem er mehrere Tage verweilte. Und dorthin kamen auch Maria Magdalena und andere Frauen, und sie brachten ihm Gaben, und er lehrte alle Tage alle, die zu ihm kamen. Und die Vögel sammelten sich um ihn und begrüßten ihn mit ihrem Gesang, und andere Geschöpfe krochen ihm zu Füßen und fraßen ihm aus der Hand. Und als er fortzog, segnete er die Frauen, die ihm ihre Liebe bezeugt hatten, und er wendete sich zu dem Feigenbaume und segnete auch ihn. Und er sprach: 'Du gabst mir Obdach und Schatten gegen die brennende Hitze, und zu alledem gabst du mir auch Nahrung. Sei gesegnet, wachse und sei fruchtbar und lasse alle, die zu mir kommen, Ruhe, Schatten und Nahrung finden und lasse die Vögel der Luft ihre Freude finden an deinen Zweigen.' Und siehe, der Baum wuchs und gedieh ganz ungewöhnlich, und seine Äste breiteten sich immer mehr aus nach oben und nach unten, so dass kein ähnlicher Baum von solcher Schönheit und Größe zu finden war und keiner, der so zahlreiche und köstliche Früchte trug wie dieser. Und Jesus kam in ein Dorf und sah dort eine kleine Katze, die herrenlos war, und sie litt Hunger und schrie. Und er nahm sie in seine Arme und hüllte sie in sein Gewand und ließ sie an seiner Brust ruhen. Und als er weiter in das Dorf hineingekommen war, gab er der Katze Nahrung und Trank. Und sie aß und trank und zeigte ihm Dankbarkeit. Und er gab sie einer seiner Jüngerinnen, welche eine Witwe war mit Namen Lorenza, und sie nahm sie in Pflege. Und einige aus dem Volke sprachen: 'Dieser Mann sorget für alle Tiere. Sind sie seine Brüder und Schwestern, dass er sie so liebt?' Und er sprach zu ihnen: 'Wahrlich, diese sind eure Mitbrüder aus dem großen Haushalte Gottes, eure Brüder und Schwestern, welche denselben Atem des Lebens von dem Ewigen haben. Und wer immer für die kleinsten von ihnen sorgt und ihnen Speise und Trank gibt als sie nötig haben, der tuet dieses mir, und wer es duldet, dass sie Hunger leiden, und sie nicht schützet, wenn sie misshandelt werden, erleidet dieses Übel, als ob er es mir zugefügt hätte. Denn ebenso wie ihr in diesem Leben getan habt, so wird euch im kommenden Leben getan werden." (34.2-10)

Diese Unterweisung Jesu ist die Weiterführung dessen, was bereits im Alten Testament klar gelehrt worden war:

„Gott sprach: Hiermit übergebe ich euch alle Pflanzen auf der ganzen Erde, die Samen tragen, und alle Bäume mit samenhaltigen Früchten. Euch sollen sie zur Nahrung dienen." (1. Mos. 1.29)

„Aber allen Tieren der Erde und allen Vögeln des Himmels und allem, was sich regt auf der Erde, was Lebensodem in sich hat, gebe ich alles Gras und Kraut zur Nahrung." (1. Mos. 1.30)

„Es ist eine immerwährende Satzung für euch von Geschlecht zu Geschlecht in allen euren Wohnsitzen: ihr sollt nie und nimmer Fett (von getöteten Tieren) oder Blut essen." (3. Mos. 3.17)

„Den Menschen und den Tieren hilfst du, Herr!" (Ps 36.7)

„Denn das Geschick der Menschenkinder ist gleich dem Geschick des Tieres; ein Geschick haben sie beide. Wie dieses stirbt, so sterben auch jene, und einen Odem haben sie alle. Der Mensch hat vor dem Tier keinen Vorzug." (Prediger 3.19)

„Wer weiß, ob der Odem der Menschenkinder emporsteigt, der Odem des Tieres aber hinabfährt zur Erde?" (Prediger 3.21)

„Der Herr spricht: An deinen Säumen findet sich sogar Blut unschuldiger Wesen." (Jeremia 2.34)

Von dem Verbot Tiere zu töten, gibt es nur eine Ausnahme: Wenn menschliches Leben direkt vom Tod des Tieres abhängt, wie z. B. bei einem Angriff oder einer Hungersnot (in der Bibel nach der Sintflut).

Sehr aufschlussreich ist auch ein Gespräch zwischen Reverend Alvin V. P. Hart und dem Bhakti-Gelehrten Steven Rosen. Reverend Hart bemängelt die falsche Übersetzung des Bibelverses 1. Mos. 1.28:

„Und Gott segnete sie und sprach zu ihnen: Seid fruchtbar und mehret euch und füllet die Erde und machet sie euch untertan, und herrschet über die Fische im Meer und Vögel des Himmels, über das Vieh und alle Tiere, die auf der Erde sich regen!" (1. Mos. 1.28)

Rev. Hart: „Es ist eigentlich beschämend. Das in der Bibel verwendete hebräische Wort, kommt aus der Wurzel radah und wird als yirdu abgeleitet. Es ist eine Bezeichnung für den Begriff 'Verwalteramt' oder 'Obhut'. Mit anderen Worten, die Bibel bittet uns, unsere einfacher ausgestatteten Brüder und Schwestern zu beschützen - nicht sie zu töten und zu essen. ... Ich möchte auch hervorheben, dass der Bibelvers, der uns die Herrschaft über die Tiere schenkt, in Genesis 1.26 erscheint. Nur drei

Verse weiter, in Genesis 1.29, wird eine vegetarische Ernährung gefordert."

Rosen: „Auch gleich im nächsten Vers - 1.30 - stellt Gott klar, dass Tiere eine Seele haben. ... Gott sagt, in allen Geschöpfen, seien sie an Land, im Wasser oder im Himmel, weile eine lebendige Seele. Er benutzt das Wort nephesh für 'Seele' oder 'Odem' und chayah für 'lebendig'. Die gleichen zwei Wörter werden benutzt, um die Seele im menschlichen Körper zu beschreiben. Somit wohnt - zumindest laut der Bibel - Tieren und Menschen die gleiche Art von Seele inne."[20]

Offenbar war dieses Verständnis für die Urchristen um und nach Jesu selbstverständlich.

Plinius bestätigt in seinem Brief an Trajan (Ep.lib.X. 96), dass die ersten Christen sich jeder Fleischnahrung enthielten. Als sie von Nichtchristen beschuldigt wurden, bei ihren Opfermahlen Menschenblut zu vergießen, verteidigten sie sich mit den Worten: „Ihr, die ihr wisst, dass wir Tierblut verabscheuen, wie könnt ihr glauben, wir seien nach Menschenblut begierig?"[21]

Sogar Paulus, der offenbar eine sehr eigene Auslegung der Lehre praktizierte, sagte gemäß einer jüdischen Quelle folgendes aus:

„Jesus befahl mir, dass ich kein Fleisch esse und keinen Wein trinke, sondern nur Brot, Wasser und Früchte, damit ich rein befunden werde, wenn er mit mir reden will."[22]

In diesem Lichte betrachtet, kommt auch der folgenden Paulus-Aussage Gewicht zu.

„Wenn darum eine Speise meinem Bruder zum Anstoß wird, will ich überhaupt kein Fleisch mehr essen, um meinem Bruder keinen Anlass zu geben." (1.Kor. 8.13)

In der kanonisierten Bibel stoßen wir jedoch auf die gewohnten Missinterpretationen. Weil der Johannisbrotbaum auch den lateinischen Namen „locusta" Heuschreckenbaum trägt, machte man aus dessen Früch-

---

[20] Hart/Rosen, East-West Dialogues, 1989, S. 31

[21] Das Evangelium des vollkommenen Lebens, 6. Auflage, Nachwort S. 253/54

[22] Toledoth Jeschu, Ausgabe Krauss, Berlin 1902, S. 113, in das Evangelium des vollkommenen Lebens, 6. Auflage, Nachwort S. 253

ten Heuschrecken, von denen sich Johannes der Täufer in der Wüste angeblich ernährt haben soll.[23] Auch die griechischen Worte opsarion, broma, brosis, phago, brosimos, trophe, proshagon bedeuten eigentlich Zubrot, Zuspeise, Nahrungsmittel oder Essen und können nicht mit Fleisch oder Fisch übersetzt werden, was jedoch gang und gäbe ist. Weiter wird das oft als Verteidigung für das Fleischessen zitierte Gleichnis Mt. 15.11. völlig aus dem Zusammenhang gerissen, obwohl der eigentliche Sinn in der Bibel selbst klar zum Ausdruck kommt:

„Nicht was in den Mund hineinkommt, verunreinigt den Menschen, sondern was aus dem Mund herauskommt, das verunreinigt den Menschen." (Mt. 15.11)

Auf die Aufforderung von Petrus hin erklärt Jesu dann das Gleichnis:

„Merkt ihr nicht, dass alles, was in den Mund hineinkommt, in den Bauch gelangt und an seinen Ort ausgeschieden wird? Was aber aus dem Mund herauskommt, das kommt aus dem Herzen hervor, und das verunreinigt den Menschen. Denn aus dem Herzen kommen böse Gedanken, Mord, Ehebruch, Unzucht, Diebstahl, falsches Zeugnis, Lästerung. Das ist es was den Menschen verunreinigt; aber essen mit ungewaschenen Händen verunreinigt den Menschen nicht."
(Mt. 15.17-20)

Dieses Gleichnis soll also deutlich machen, dass der Reinheit des Herzens und der inneren Geisteshaltung viel mehr Beachtung geschenkt werden muss, als körperlichen Reinigungsritualen, wie dem Hände waschen vor dem Essen.

Aufgrund der Gier nach Fleisch (Blut) vergisst der Mensch das wahre Selbst, die ewige Identität im Tierkörper, die sich qualitativ nicht vom Selbst im Menschenkörper unterscheidet. Man „vergisst", dass es ohne die Gegenwart der Seele ja gar kein Leben gibt. Denn sonst könnte man diese armen Kreaturen nicht mehr so grauenhaft unmenschlich ausbeuten, quälen und töten.

Dieselbe Geisteshaltung, die nur Äußerlichkeiten gelten lässt, bewog die Christenheit dazu, den Frauen lange Zeit nur eine zweitklassige Seele zuzubilligen und den schwarzen Menschen noch im 19. Jahrhundert eine Seele gänzlich abzusprechen. Ein „Persilschein" für Sklavenhandel, Erniedrigung, Vergewaltigung, Tötung und Missbrauch jeglicher Art.

---

[23] R. Zürrer, Die Bibel in ihrem eigenen Licht, 1987, S. 21

38

Das Töten von wehrlosen Tieren ist Ausdruck gröbster mensch-lich-rassistischer Überheblichkeit. Töten aus Freude oder Genusssucht. Heutzutage tötet man keine Tiere zum Überleben, sondern zum „Genie-ßen". Dass aber diese – auf falscher Eigenliebe gründende – erbarmungs-lose Ausbeutung von Tier und Natur wieder auf das Haupt der Täter zu-rückfallen wird (karmische Reaktionen), sollte zumindest nachdenklich stimmen.

Wer Karma und Reinkarnation als Ordnungsgesetze Gottes erkennt, welche seit Anbeginn der Zeit für wahre Gerechtigkeit sorgen, wird von vielen Ängsten, welche durch falsche institutionelle Lehren verbreitet wurden, befreit. Er erkennt das wahre Ziel, Gott und die an keine Bedin-gungen geknüpfte Liebe zu ihm, und er versteht, dass dies auch gleich-zeitig das Ende des wiederholten Geboren werdens (Reinkarnation) un-ter dem gesetzlichen Zwang des Karma ist.

Erlösung oder Mukti, wie es die Inder nennen, bedeutet also, vom Zwang des Karma und somit von wiederholten Geburten und Toden be-freit zu werden.

Alle Wahrheit in der Bibel?

Gott gibt euch alle Wahrheit,
gleich einer Leiter mit vielen Sprossen,
zur Befreiung und Vervollkommnung der Seele,
und die Wahrheit von heute
werdet ihr verlassen für die höhere Wahrheit von morgen.
Mühet euch um die Vollkommenheit.
(Jesu)[24]

Wer versucht, die Wahrheit auf Personen und Schriften zu begrenzen, ohne die Botschaft als das Wesentliche zu erkennen, verehrt die Form und kennt die Wahrheit nicht. Er hält das Gefäß für die Wahrheit und erkennt dieselbe Wahrheit oder deren Weiterführung nicht, wenn ihm die gleiche Botschaft in einer anderen Form oder in einem anderen „Gefäß" offenbart wird.

Wenn Gott unendlich ist, muss auch die Wahrheit, bzw. das Wissen über ihn, unendlich sein. Der Weg zu Gott, die Wahrheit über ihn, sein Reich und über das Wesen des ewigen Lebens mit ihm bleiben unveränderlich gleich. Doch entsprechend der Aufnahmefähigkeit des Gottsuchers wird diese ewige und unveränderliche Wahrheit von den Gottliebenden auf einfache oder tiefer gehende Weise offenbart. Genauso wie alle Schullehrer, die eine ähnliche Ausbildung besitzen, entsprechend dem Alter der Schüler unterweisen. In der dritten Klasse wird ein Lehrer auf ganz bestimmte Weise einen ausgewählten Stoff behandeln, aber derselbe Lehrer (oder eben auch ein anderer) wird die neunte Klasse schon viel ausführlicher und detaillierter unterrichten.

Die Wahrheit, die wir vielleicht erfahren haben, sollte uns nicht zum Gedanken verleiten, es gäbe nicht noch mehr zu erkennen - sowohl im Wissen als auch in der Wahrheit und der Liebe zu Gott. Wer wirklich weise ist, versteht, dass Gott und sein Reich unbegrenzt sind und folglich können sie auch – zumindest theoretisch – verstehen, dass seiner Fähigkeit, sich selbst und Wissen über sich selbst zu offenbaren, ebenso keine menschlichen Grenzen gesetzt werden können.

---

[24] Das Evangelium des vollkommenen Lebens, 6. Auflage, Kap. 90, Vers 10

Der Bhakti-Lehrer B. R. Shridhara Swami drückt die Haltung, des nach göttlicher Wahrheit Suchenden, mit folgenden Worten aus:

„Wir sind Sklaven der Wahrheit. Wir betteln um den reinen Strom der Wahrheit, der ununterbrochen fließt: den unverdorbenen, reinen Strom. Äußerlichkeiten sind für uns in keiner Weise reizvoll. Wo immer ich den Strom dieses göttlichen Nektars auf mich herabkommen fühle, dort werde ich mich demütig verneigen...“

„...Welche Form die Wahrheit dabei annimmt, ist nur von geringer Bedeutung. Die Form hat einen gewissen Wert, aber wenn es dabei zu irgendeinem Interessenkonflikt kommt, dann muss man dem inneren Gehalt einer Sache in jedem Fall einen sehr viel höheren Wert beimessen als ihrer äußeren Erscheinung. Denn wenn dieser innere Gehalt einer Sache verloren gegangen ist und die materielle Auffassung die Oberhand gewinnt, dann wird unser sogenanntes transzendentales Leben zu einer billigen Nachahmung.“[25]

Gottes Kraft, sich selbst und seine Gnade zu offenbaren, auf eine Schrift oder einen Sohn beschränken zu wollen, gleicht dem Versuch, den Ozean in eine Badewanne zu gießen.

Jesu selbst gibt an manchen Orten zu erkennen, dass er nicht alle Wahrheit oder alles Wissen verkündet hat, obwohl natürlich das, was er sagt, Wahrheit und Wissen ist, sofern es nicht bereits durch die machtpolitischen Interessen der Kirche „angepasst“ wurde.

„Jesus sprach: Noch vieles habe ich euch zu sagen, aber ihr könnt es jetzt nicht tragen.“ (Joh. 16.12)

„Wenn ich von den irdischen Dingen zu euch geredet habe, und ihr glaubt nicht, wie werdet ihr glauben, wenn ich von den himmlischen (göttlichen) Dingen zu euch rede?“ (Joh. 3.12)

„Deshalb rede ich in Gleichnissen zu ihnen, weil sie mit sehenden Augen nicht sehen und mit hörenden Ohren nicht hören und nicht verstehen.“ (Mt. 13.13)

„Dies habe ich in verhüllter Rede zu euch gesagt; es kommt die Stunde, in der ich nicht mehr in verhüllter Rede zu euch sprechen, sondern euch offen den Vater verkünden werde.“ (Joh. 16.25)

---

[25] B.R. Shridhar Swami, Sri Guru und Seine Barmherzigkeit, 1989, S. 34

Die Wahrheit und der Weg, den Jesus verkündet hat, sind ewig. Nur das Vergängliche hat einen Anfang (und ein Ende). Deshalb ist der dogmatische Anspruch, Jesus wäre der einzige Verkünder der Wahrheit und somit auch der einzige Retter der gefallenen Seelen, ein bedauerlicher Irrtum. Ein Irrtum, der viele Christen zu Fanatikern gemacht hat, wie die ganze christliche Geschichte beweist. Dieselbe Unwissenheit findet man leider bei vielen Vertretern unterschiedlicher religiöser Institutionen, selbst innerhalb des Vishnuismus, der diese Formen der Unwissenheit eigentlich deutlich demaskiert.

Dieselben Kräfte, die für die Kanonisierung der spirituellen Schriften verantwortlich waren, verkündeten auch, dass die Bibel inspiriert und die einzige Wahrheit sei. Unter der Kanonisierung versteht man die klerikale Festlegung, welche Evangelien oder Dokumente christlich seien und welche nicht. Der Barnabas Brief wurde beispielsweise im vierten Jahrhundert plötzlich aus den heiligen Schriften verbannt[26] und das Thomas- und Philippusevangelium gar nicht erst aufgenommen. Die Kanonisierung setzte bereits kurz nach dem Weggang Jesu ein, obwohl der offizielle Begriff erst anlässlich des Konzils von Nicäa (325) geprägt wurde. Zu diesem Vereinheitlichungsbestrebungen schreibt der dänische Religionshistoriker Ditlef Nielsen:

„Zuerst korrigierte man die Handschriften der Evangelien durch Auslassungen und Einschübe, um sie aufeinander abzustimmen... Dann stellte man die ganze kirchliche Auslegung in den Dienst der Harmonisierung, um **ein** Evangelium daraus zu gewinnen."[27]

Ebenso harte Worte benutzt der Basler Theologe Overbeck:

„Es liegt im Wesen aller Kanonisation, ihre Objekte unkenntlich zu machen, und so kann man denn auch von allen Schriften des NT sagen, dass sie im Augenblick ihrer Kanonisation aufgehört haben, verstanden zu werden. Sie sind in die hohe Sphäre einer ewigen Norm für die Kirche versetzt worden, nicht ohne dass sich über ihre Entstehung, ihre ur-

---

[26] R. Sträuli, Origenes der Diamantene, S. 170
[27] Zit. nach Andreas/Lloyd, Das verheimlichte Wissen, 1983 in das Evangelium des vollkommenen Lebens, Nachwort S. 246; vgl. auch R. Zürrer, Reinkarnation, 1992, S. 292

sprünglichen Beziehungen und ihren ursprünglichen Sinn ein dichter Schleier gebreitet hätte."[28]

Und in ähnlichem Zusammenhang meint Lehmann:

„Ohne Paulus gäbe es vermutlich unser Christentum (als Kirche) nicht, aber: Durch Paulus ist das Ursprüngliche so grundlegend verändert worden, dass sich sein Sinn ins Gegenteil verkehrte."[29]

---

[28] Overbeck, Geschichte des Kanons, 1880 in Das Evangelium des vollkommenen Lebens, 6. Auflage, Nachwort S. 243

[29] Lehmann, Jesus-Report, S. 173 in Das Evangelium des vollkommenen Lebens, 6. Auflage, Nachwort S. 252

Guru = Lehrer und Beispiel

Der Guru oder Lehrer ist im Normalfall das lebendige Beispiel der liebenden Widmung zu Gott. Deshalb bezieht sich der Begriff „Guru" in erster
Linie auf die Funktion oder das Amt, und nicht auf eine bestimmte Person oder eine religiös-gesellschaftliche Position. Wenn Gott einer ist,
dann kann das Prinzip „Guru" nicht zwei sein. Es gibt nur einen Guru,
der in einer unendlichen Vielfalt von Formen erscheint, um uns die göttliche Liebesbotschaft zu übermitteln und das ist Gott selbst, der durch
seine ihn liebenden Diener wirkt und sich offenbart.

Das Beispiel des Briefträgers soll dies veranschaulichen: Jeden Tag
mag uns ein anderer Briefträger die Post ins Haus bringen. Doch das Re-
sultat wird immer dasselbe sein – wir erhalten unsere Post. Die Post kann
hier analog mit Gott gleichgesetzt werden. Die Briefträger sind all dieje-
nigen, die der Botschaft nichts entgegensetzen. Ein Briefträger, der den
Brief erst liest und dann vielleicht noch etwas hinzufügt oder einen Teil
wegschneidet, kann nicht wirklich als Briefträger angesehen werden.

Es geht daher einzig darum zu unterscheiden, ob jemand wirklich
Guru ist oder nicht. Zum einen werden wir deshalb aufgefordert, mittels
unseres gesunden Menschenverstandes und anhand der Heiligen und
der Schriften nach einem solchen Vertreter Gottes Ausschau zu halten.
Zum anderen wird uns versichert, unsere eigene aufrichtige Suche nach
der absoluten Wahrheit werde uns zum aufrichtigen Guru führen, da
Gott den aufrichtigen Sucher nicht irreleitet.

Der Bhakti-Gelehrte Srila Jiva Gosvami riet schon im 16. Jahrhundert,
keinen Guru anzunehmen, der seine Berechtigung aus erblichen, her-
kömmlich gesellschaftlichen oder konfessionellen Gründen herleitet.
Vielmehr müsse ein wahrhaft befähigter Guru gefunden werden, sonst
könne keine geistige Entwicklung stattfinden.

Die Tendenz der Institutionen, nach dem Verscheiden ihrer Gründer
oder Inspiratoren, die Kontinuität der Nachfolge ihrer Lehrerschaft auf
die Entscheidung ihrer jeweiligen Administrationshierarchien zu beschränken, hat sich in der Geschichte meist als große Irreführung erwie-
sen. Denn Institutionalisierung und Monopolisierung des Guru-Prinzips
führt zur sofortigen Entartung. Der Kontakt mit einem echten Guru oder
Lehrer, der die göttliche Liebesbotschaft vermittelt, bedeutet, göttliche

Harmonie, Geborgenheit und Freude erfahren zu können – je nach dem Ausmaß unserer eigenen inneren Verwirklichung und Sehnsucht, die Liebe zu Gott zu entfachen.

Keine aufgezwungene Autorität

„Guru" ist kein abstrakter Begriff und auch nicht eine aufgezwungene Autorität, sondern eine konkrete Ermutigung, die durch eine Beziehung des Vertrauens entsteht.

Gemäß den Veden werden auch die heiligen Schriften als „Guru" bezeichnet. Doch sie sind passiv, das heißt, die Schriften werden je nach der individuellen inneren Verwirklichung des Lesers verstanden, ausgelegt und aufgenommen. Die Person „Guru" kann hingegen unmittelbar auf persönliche Missverständnisse aufmerksam machen, sofern dies vom Schüler gewünscht wird. Wie bereits erwähnt, ist der Guru keine aufgezwungene Autorität, sondern jemand, der sich konkret als vertrauenswürdig herausgestellt hat. Nur deshalb kann sich ein intelligenter Schüler damit einverstanden erklären, aktiv von ihm korrigiert zu werden. Der Guru gilt daher als das aktive Prinzip, das Missverständnisse korrigieren soll.

Wenn wir daran festhalten, dass es heute keine lebenden Geweihten Gottes mehr gibt, die uns dabei helfen können, das offenbarte Wissen richtig zu verinnerlichen, dann bleiben uns nur die Schriften und die eigene Interpretationen oder Wahrnehmungen unseres Verstandes. Aber selbst unter diesen Umständen ist die eigene innere Aufrichtigkeit der beste Schutz. Gott ist im Herzen aller Lebewesen. Er kann uns unter allen Umständen von innen her leiten, wenn wir aufrichtig nach ihm suchen. Das ist die Bedeutung von Antaryami, der innere Lenker.

Transzendente Wahrheit wird von Menschen auf verschiedenen Bewusstseinsstufen entsprechend unterschiedlich aufgenommen. Deshalb empfiehlt uns Gott selbst:

„Versuche die Wahrheit zu erfahren, indem du dich an einen spirituellen Lehrer wendest. Stelle ihm in ergebener Haltung Fragen, und diene ihm. Die selbstverwirklichte Seele kann dir Wissen offenbaren, weil sie die Wahrheit gesehen hat." (Bhagavad-Gita 4.34)

Dieses Lehrer- oder Guru-Prinzip findet auch in der Bibel seine Bestätigung:

„Die dich, Herr, lieben, sind wie die Sonne, wenn sie aufgeht in ihrer Pracht!" (Richter, 5.31)

„Christus hat für euch gelitten, euch ein Beispiel hinterlassen, auf dass ihr seinen Fußstapfen nachfolget." (1.Petr. 2.21)

Im Urchristentum wurde Jesu als Botschafter und von Gott gesandter Erlöser verehrt. Sein Wesen wurde von gleicher Schönheit und Reinheit wie das von Gott verstanden. In ihm sah man den ewig engverbundenen liebenden Geweihten des Herrn, den Auserwählten Gottes (griechisch: ho eklektos)[30], was eindeutig darauf hinweist, dass Gott und Jesu zwei sind. Zwar gab es schon kurz nach dem Ableben Jesu Bestrebungen, ihn als in der Person identisch mit Gott zu erklären. Doch erst beim Konzil von Nicäa (325) wurde unter der Führung des römischen Kaisers Konstantin den Christen per Beschluss vorgeschrieben, was sie von nun an zu glauben hatten. Dieses Glaubensbekenntnis lautete: Christus ist mit Gott wesensidentisch (griechisch: homousios)[31]. Diese Auffassung wurde mit Sicherheit von den Urchristen nicht geteilt und bildete lange Zeit einen Streitpunkt.

Auch Origenes musste sich offensichtlich mit dieser Fehlauffassung auseinandersetzen:

„In Rom lernte Origenes den Presbyter Hippolyt kennen. Hippolyt stammte aus dem Osten des Römerreiches und bekämpfte damals leidenschaftlich eine kirchenamtliche Erklärung des Bischofs Zephyrin. Dieser hatte als Richtschnur verkündet: 'Ich kenne nur einen Gott, nämlich Christus Jesus, und außer ihm keinen andern; der ist geboren und hat gelitten.' Zephyrins Bekenntnis spiegelte einen in Rom weitverbreiteten Gemeindeglauben wieder, der Christus für Gott selbst hielt und den man nur als wahrheitsfern und widersinnig bezeichnen kann.

Dieser Glaube hatte seinen Ursprung vor allem in der irrigen Auslegung der durch Christus verheißenen und vollbrachten Erlösung. Zum einen wollte man gerne an eine Erlösung von allen Sünden glauben – was man ersehnt, möchte man ja immer so schnell als nur möglich ver-

---

[30] R. Sträuli, Origenes der Diamantene, 1987, S. 195

[31] R. Sträuli, Origenes der Diamantene, 1987, S. 159

wirklicht sehen. Zum andern war es eben nicht so einfach, unter den Heiden für ein Bekenntnis zum Christentum zu werben, das die Erlösung lediglich durch einen 'Sohn' Gottes verhieß - also nicht durch den Allerhöchsten selbst. Somit durfte Christus nicht bloß 'Sohn' Gottes, sondern musste Gott selber sein - das vereinfachte auf den ersten Blick alles!"[32]

Auch das Dreifaltigkeitsdogma wurde vor allem von den römisch gesinnten Christen freudig aufgenommen, denn die Verehrung einer Götter-Dreiheit war schon in ihrem alten Glauben enthalten. Und so wurde in der zweiten Hälfte des 4. Jahrhunderts die frisch geschaffene „ewige" Dreifaltigkeit zum Kernstück römisch-christlichen Glaubens.[33]

Die Kirche tut sich noch heute schwer damit, diese Dreieinigkeit zu erklären. Aus vedischer Sicht bietet sich jedoch ein einfaches und plausibler Erklärungsansatz an:

„Wenn das Lebewesen (die Seele) der Anziehungskraft der Maya erliegt (der illusionierenden Kraft Gottes, welche die selbstischen Seelen von ihm und seinem Reich fortzieht und an diese Welt von Geburt und Tod kettet; also die Gesamtheit der materiellen Energie), wird es von Furcht überwältigt. Weil es durch die Maya vom höchsten Gott (Krishna) getrennt wird, wandelt sich seine Lebensauffassung ins Gegenteil. Es beginnt sich selbst als ein Produkt der Materie zu sehen. Um diesen Fehler rückgängig zu machen, verehrt ein Mensch, der wirklich weise ist, Krishna – als seinen Lehrer, als seine verehrungswürdige Gottheit und als die Überseele (Paramatma) - durch den Vorgang des liebevollen Dienens (Bhakti)." (Bhagavatam 11.2.37)

Der Vater: Krishna, der Vater und Ursprung allen Seins.

Der Sohn: Der Sohn repräsentiert das Guru- oder Lehrer-Prinzip.

Der heilige Geist: Die Überseele (Paramatma), der innere Lenker. Die (für uns) unsichtbare Gestalt Gottes, die in den Herzen aller Lebewesen weilt und die individuelle Seele als ihr ewiger Freund von Körper zu Körper begleitet.

Für den gottzugewandten Menschen ist die Überseele auch der „innere Lehrer" oder die Inspiration, die den aufrichtigen Menschen zum aufrichtigen Lehrer führt, der wiederum den Weg zum ewigen Vater, zu Gott, aufzeigt.

---

[32] R. Sträuli, Origenes der Diamantene, 1987, S. 35

[33] vgl. R. Sträuli, Origenes der Diamantene, 1987, S. 194/195

In allen drei Aspekten erweist der höchste Herr dem Gottsucher seine Barmherzigkeit, indem er ihm Wissen und Erkenntnis von sich selbst vermittelt oder jenen, die (noch) nicht nach ihm suchen, ihre Wünsche erfüllt und ihnen gleichzeitig ihre karmischen – sowohl die angenehmen als auch die unangenehmen – Reaktionen zuführt.

Das Reich der vollerblühten Gottesliebe

„...Die Erde besteht dort aus Edelsteinen,
die alle Wünsche erfüllen,
Wasser ist wie Nektar....
Worte und Bewegungen sind Gesang und Tanz.
Vrindavana ist der Ort für die liebenden Gottgeweihten,
die aus reinem Sein bestehen und voller Liebe sind.
Immer geht dort der Mond voll auf,
nur mild strahlt dort die Sonne.
Frei von Leid, frei von Trennung,
frei von Alter und Tod,
frei von Zorn und Eifersucht,
frei von selbstischem Dünkel.
Voller Geschmack des Nektars der Glückseligkeit,
ein Meer von Glück in der Fülle der Liebe zu Gott..."
(Padma-Puranam, Patala-Khanda, Kap. 38)

In den vedischen Schriften wird Krishna zusammen mit seinem Reich, seinen Geweihten und seinen vielfältigen Energien eindrücklich beschrieben. Doch diese Beschreibungen übersteigen bei weitem unsere Vorstellungskraft.

Bhaktivedanta Swami sagte zu der Übersetzung des Bhakti-rasamrita-sindhu, einer Schrift, in der die Liebesbeziehungen in Gottes Reich sehr vertraulich beschrieben werden: „Ich habe dieses Buch übersetzt, nicht weil ich dachte, dass es jemand verstehen würde, sondern damit die Menschen wissen, dass es so etwas überhaupt gibt."

Krishna wird in vielen vedischen Schriften als die höchste Person, die höchste Seele beschrieben. Seine Namen sind frei von jeglichem Sektierertum, da sie entweder seine Taten, seine wunderbaren ewigen Eigenschaften oder seine ewigen Beziehungen zu seinen liebenden Geweihten beschreiben.

Krishna - der Allanziehende. (Weil er durch seine wunderbaren Eigenschaften die Herzen aller Seelen erobern kann.)

Hari - derjenige, der alle leidvollen Dinge aus dem Herzen entfernt und der das Herz aller Lebewesen stehlen kann.

Gaurahari - der golden leuchtende Hari.
Rama - die Quelle aller Freude und allen Glücks.
Vishnu - der Alldurchdringende.
Mahaprabhu - der höchste Herr und Meister.
Mukunda - derjenige, der Erlösung (Mukti) gewährt.
Devadeva - der Gott der Götter.

Dieser letzte Name taucht übrigens auch oft in der Bibel auf:
„Wer ist wie du, Herr, unter den Göttern?" (2. Mos. 15.11)
„Denn der Herr, euer Gott, ist der Gott der Götter und der Herr der Herren." (5. Mos. 10.17)
„Der Gott der Götter, der Herr, redet." (Ps. 50.1)

Die Bhagavad-Gita, der Gesang Gottes, gibt den suchenden Seelen einen kleinen Einblick in die Selbstdarstellung Gottes. Krishna spricht:
„Diese uralte Wissenschaft von der Beziehung zum Höchsten wird dir heute von mir mitgeteilt, weil du mein Geweihter und mein Freund bist und weil du deshalb das göttliche Mysterium dieser Wissenschaft verstehen kannst." (4.3)
„O Eroberer von Reichtum, jenseits von mir gibt es nichts Höheres mehr zu erkennen. Wie Perlen, aufgereiht auf einer Schnur, ruht alles was ist und was wir sehen auf mir allein." (7.7)
„Nachdem die großen, hingegebenen Seelen mich erreicht haben, kehren sie nie wieder in diese zeitweilige Welt zurück, die voller Leiden ist, denn sie haben die höchste Vollkommenheit erreicht. Alle Planeten in der materiellen Welt – vom höchsten bis hinab zum niedrigsten – sind Orte des Leides, an denen sich Geburt und Tod wiederholen. Wer aber in mein Reich gelangt, wird niemals wieder geboren." (8.15-16)
„Unfähig, meine außergewöhnliche göttliche Form von menschlichem Aussehen, zu verstehen, lästern unwissende Menschen über mich, den höchsten Herrn aller Wesen, indem sie mich als einen gewöhnlichen Menschen betrachten." (9.11)
„Ich beneide niemanden, noch bevorzuge ich jemanden. Ich bin allen gleichgesinnt. Doch jeder, der mir in Hingabe dient, ist mein Freund, ist in mir, und auch ich bin sein Freund." (9.29)

„Nur derjenige unter den Menschen, der frei von Täuschung ist und mich als den Ungeborenen, den Anfangslosen und den höchsten Herrn aller Welten kennt, ist von allen Sünden befreit." (10.3)

„Des weiteren, o Arjuna, bin ich der ursprüngliche Same aller Schöpfungen. Es gibt kein Geschöpf – ob beweglich oder unbeweglich –, das ohne mich existieren kann.

Was ich dir beschrieben habe, ist nur ein kleiner Hinweis auf meine unendlichen Füllen. Wisse, dass alle majestätischen, schönen und herrlichen Schöpfungen nur einem winzigen Funken meiner Pracht entspringen." (10.39-40)

„Nur durch Bhakti (liebende Widmung) kann man mich so, wie ich bin, als die höchste Persönlichkeit, erkennen. Und wenn man sich durch solche Hingabe vollkommen über mich bewusst ist, kann man in mein höchstes Reich eintreten.

Obwohl der Bhakti-Ausführende allen möglichen Tätigkeiten nachgeht, erreicht er unter meinem Schutz und durch meine Gnade das ewige, unvergängliche Reich." (18.55-56)

Gehört Gott einer Kirche oder Institution?

Hat jede Kirche ihren eigenen Gott oder ist es stets der gleiche Gott, der sich entsprechend der Aufnahmefähigkeit der Lebewesen in unterschiedlichem Ausmaß offenbart? Ist Gott eine unpersönliche Energie oder vielleicht sogar nur menschliches Wunschdenken?

Im Veda findet sich folgendes Beispiel:

Ein Lebewesen mag aus großer Entfernung die verschwommenen Umrisse eines Berges wahrnehmen. Wenn es näher kommt, kann es schon bald genauere Konturen ausmachen. Und schließlich ist es so nahe, dass es die Vielfalt der Fauna und Flora des Berges erkennen kann. In ähnlicher Weise nehmen viele Menschen wahr: „Ja, da ist etwas Höheres. Etwas muss all diese Dinge geschaffen haben. Aber ich weiß nicht was." Dies entspricht der verschwommenen Wahrnehmung aus großer Entfernung. Gott wird als undefinierbare, höhere Energie bezeichnet – ohne Form, ohne persönliche Eigenschaften, sondern als Licht, universeller Friede oder kosmische Liebesenergie. In den Veden wird diese Erkenntnis nochmals genauer umschrieben und als unpersönliches Brahman bezeichnet. Die vor allem auch im Westen bekannte Advaita-Lehre wird von deren Anhängern als höchste Erkenntnis gepriesen. Diese Einheitslehre „alles ist Brahman" wird noch heute überwiegend mit Hinduismus gleichgesetzt. Die vishnuitische Strömung des Hinduismus anerkennt die energetische Einheit aller Dinge, Brahman, betont jedoch, dass dies nur ein Aspekt der Wahrheit darstellt. Der Vishnuit fragt: Wie kann das Niedere etwas enthalten, das im Höheren nicht enthalten ist? Der Ursprung aller anziehenden Formen soll selbst keine Form, keine Individualität besitzen? Durch Logik und Offenbarung versteht daher der Vishnuit das Brahman als die Ausstrahlung oder den Lichtglanz Gottes.

Das, was im Niederen auf unvollkommene und zeitweilige Weise enthalten ist, muss im Höheren auf vollkommene und ewige Weise existieren. Die Materie in all ihrer Vielfältigkeit wird quasi nur als verzerrter Schatten der ewigen Wirklichkeit von Gottes Reich verstanden. Das Niedere kann demnach niemals etwas beinhalten, das im Höheren – das den „Schatten" wirft – nicht in Vollendung zu finden wäre. Mit anderen Worten: Vielfalt, Individualität und Beziehungen existieren im Zeitweiligen gewissermaßen als verzerrte Spiegelung der ewigen Realität der transzendenten Welt Gottes.

Wir suchen in dieser Welt immer nach Schönheit, nach vollkommenen Formen und möchten uns in eine Beziehung zu ihnen setzen. Doch aufgrund der Eigenschaften der materiellen Natur werden wir immer wieder enttäuscht. Egal wie schön ein Objekt oder eine Person auf uns wirkt und egal wie befriedigend Beziehungen sind, alles verändert sich unter dem Einfluss der Zeit und verschwindet letztlich. Die Sehnsucht der Seele nach beständiger Schönheit und nach beständigen liebenden Beziehungen kann daher durch die Vielfalt der Materie nie erfüllt werden. Die Eigenschaft der Materie, sich fortlaufend zu verändern, steht dieser inneren Sehnsucht diametral entgegen. Es liegt daher logisch auf der Hand, dass wir uns dem Göttlichen zuwenden, um die Erfüllung dieser Sehnsucht zu finden. Die Seele gehört ihrer innersten Natur her zum transzendenten Gottesreich, genauso wie ein Fisch ins Wasser gehört.

Diese natürliche Tendenz der Seele, das Ewige finden zu wollen, das, was unserer eigenen Seelennatur entspricht, den Ursprung aller Schönheit und Liebe, machen sich Institutionen aller Art zunutze, um ihre Mitgliederzahl zu erhöhen und ihr Institutionsgebilde zu vergrößern. Wie riesige Spinnen, die ihre Fäden um die ganze Welt ziehen, stürzen sich diese Gebilde in lächelnder und gleichzeitig Angst machender Maske auf die suchenden Seelen und ködern sie mit unhaltbaren Versprechen, um sie in ihrem Netzwerk festbinden zu können. Doch egal wie riesig und furcherregend diese Spinnengebilde auf uns wirken können, wir selbst sind es, die ihnen diese furcherregende Größe und Wirkung verleihen. Das hat zwei Gründe. Wenn wir uns diesem künstlichen Gebilde unterordnen, gibt es uns erstens das Gefühl des Beschütztseins und zweitens, damit einhergehend, das Gefühl einer Beziehung, ähnlich einem kleinen Kind zu seinen Eltern. Institutionen vermitteln oft auch sehr glaubhaft, diese Unterordnung sei gleichbedeutend dem Beginn einer Beziehung zu Gott und der Eintritt in sein ewiges Reich sei dadurch sozusagen schon vertraglich geregelt.

Gott ist nicht käuflich

Gott ist nicht käuflich und niemand kann ihn unter Vertrag nehmen. Wie kommt es dann, dass viele Institutionen selbst daran glauben, sie hätten Gott unter Vertrag und somit ein Monopol auf ihn? Betrachten wir einmal, wie es normalerweise zur Gründung einer Institution kommt. Im besten Falle dadurch, indem eine inspirierte Seele andere Seelen im Herzen „berühren" konnte und so fort, und diese irgendwann gemeinsam „neue Werkzeuge" nutzen wollten, um weitere Herzen zu „berühren". Eine religiöse Institution ist also ursprünglich das Werkzeug eines gemeinsamen Interesses oder Ideals. Ein Hilfsmittel, auf das jedes Mitglied des Kollektivs zugreifen konnte, um dem gemeinsamen geistigen Ideal zu dienen. Im christlichen Sinne wäre dieses Ideal die Liebe zu Gott und die Liebe zu allen anderen Seelen. „Kirche" wäre demnach gleichbedeutend mit „Werkzeug", um diesem Ideal der Liebe zu Gott zu dienen. Im Verlaufe der Zeit hat sich das jedoch verändert. Anstatt danach zu streben, das Ideal zu lehren, verkündet man seit vielen Jahrhunderten, man solle sich dem „Werkzeug", der Kirche unterordnen, als ob das Werkzeug eine lebendige Beziehung zu Gott hätte, mit dem es uns verbinden könnte. Für einen Handwerker ist ein intaktes Werkzeug hilfreich und nützlich. Ist das Werkzeug jedoch defekt, wird es zur Gefahr mit unabsehbaren Folgen.

Wenn der Gottsuchende erkennt, dass ein Werkzeug ein toter, lebloser „Gegenstand" ist, der immer nur einen Zweck zu erfüllen hat, dem Benutzer zu dienen, verliert die obgenannte „furchterregende Spinne" augenblicklich ihre Größe und ihre Macht über den Suchenden. Denn er weiß jetzt, Herzensbeziehungen sind nur von ewig lebendiger Seele zu Seele und von der Seele zur höchsten Seele, zu Gott, möglich. Er versteht nun, dass er gar nie eine Beziehung zum Werkzeug hatte, sondern zu anderen Seelen, die genauso blind wie er, dem Werkzeug dienten.

Eine Kirche, eine Institution, egal welcher Religion, baut viele Gebäude (Kirchen, Tempel, Moscheen usw.), sei es um den Mitgliedern einen Treffpunkt zu bieten oder um ihre Größe und Macht zu demonstrieren – oft ist es beides. Doch Gott lässt sich weder durch Institutionen noch durch großartige und kunstvolle Gemäuer festbinden. Gott ist der höchste Autokrat, der höchste Unabhängige, der höchste Freie und so weiter. Er lässt sich durch nichts anderes als aufrichtige und freiwillig geschenkte Liebe binden. Nur das Herz einer liebenden Seele kann ihn anziehen. Tote Gebäude und machtvolle, ebenso tote institutionelle Gebilde, können nicht mal seine Aufmerksamkeit erregen. Sie kommen und gehen – unter dem Einfluss der Zeit – wie Eintagsfliegen. Was bleibt sind jene Seelen, welche die zeitweiligen Objekte des Kosmos genießen und ausbeuten und jene Seelen, die auf dem Weg des Herzens, die ewige Liebe zu Gott entfachen und zum lodern bringen möchten. Wie Gott in der Bhagavad-Gita sagt: „... sie erreichen unter meinem Schutz und durch meine Gnade das ewige, unvergängliche Reich."

Gottes Welt ist eine Welt der liebenden Beziehungen. Es sind die liebenden Seelen, welche dem Sucher geistige Nahrung bieten können und es sind auch diese liebenden Seelen, die Eintritt in das ewige Reich finden. Gott braucht keine Institutionen, aber die Institutionen brauchen ein (oft verdrehtes) Bild von Gott, um ihre blinden Gläubigen bei der Stange zu halten. Gottes Welt braucht auch keine Institutionen oder Pseudo-Gurus, die es wagen, sich selbst zwischen die Seelen und ihn zu stellen, die die suchenden Seelen zu ihren eigenen Dienern machen möchten. Nein, die Mentalität des Ausbeutens findet keinen Zugang ins ewige Reich. Gott ist nur an aufrichtig liebenden Seelen interessiert, die sich gegenseitig näher zu Gott schubsen möchten.

Gottes Namen

Im Veda

„Aller Sieg sei dem Singen
des heiligen Namens Krishnas (Gottes),
das den Spiegel des Herzens reinigen und
die Leiden des lodernden Feuers
des materiellen Daseins auslöschen kann.
Dieses Singen ist wie der zunehmende Mond,
der den weißen Lotos des Glücks
für alle Lebewesen verbreitet.
Es ist das Leben und die Seele aller Bildung.
Das Singen des heiligen Namens Krishnas
lässt den glückseligen Ozean göttlichen Lebens anschwellen.
Ein Bad in diesem Ozean
hat eine kühlende Wirkung auf jedermann und
befähigt uns, bei jedem Schritt
höchsten Nektar zu genießen."
(Chaitanya-charitamrita 3.20.12)

Liebende Hingabe zu Gott kennt keine Grenzen. Eine bestimmte Form des liebenden Dienens wird jedoch in vielen Schriften hervorgehoben oder für unser Zeitalter besonders empfohlen:

harer nama harer nama harer namaiva kevalam
kalau nasty eva nasty eva nasty eva gatir anyatha

„Im gegenwärtigen Zeitalter des Kali [das Zeitalter des Streits und der Heuchelei, das nach vedischer Zeitrechnung vor rund 5100 Jahren begann] gibt es kein anderes Mittel, kein anderes Mittel, kein anderes Mittel zur Selbstverwirklichung [das bedeutet die Erkenntnis von sich selbst als ewige Seele und seine ewige - auf Liebe gründende - Beziehung zu Gott] als der heilige Name von Hari, der heilige Name von Hari, der heilige Name von Hari (Gott)." (Brihan-naradiya Purana 38.126)

Krishna selbst erschien in der Gestalt Gauranga Mahaprabhus, um die besondere Bedeutung seines heiligen Namens zu verkünden und gleichzeitig die Rolle eines liebenden Gottgeweihten zu spielen. So lebte er uns persönlich den Weg der Liebe zu Gott vor und verteilte diese Gottesliebe großzügig. Er erläuterte den obigen Vers im Chaitanya-charitamrita (1.17.22-25) wie folgt:

„Im gegenwärtigen Zeitalter des Kali erscheint Krishna in der Form seines heiligen Namens. Durch seinen heiligen Namen kann die ganze Welt Befreiung (Erlösung) erlangen. Um dieser Aussage Nachdruck zu verleihen, wird der heilige Name 'Hari' dreimal genannt. Und um den gewöhnlichen Menschen zu verstehen zu geben, wird auch das Wort eva (gewiss) dreimal wiederholt. Der Gebrauch des Wortes kevala (nur) ist wieder eine endgültige Entscheidung, durch die andere Vorgänge wie Jnana (Erkenntnis durch Studium), Yoga (das mystische System), Tapasya (harte Entsagung), Karma (die in den Schriften empfohlenen frommen Handlungen) etc. verboten werden. Jeder, der dies nicht anerkennt, wird nicht befreit werden. Das ist der Grund für die dreifache Wiederholung von na asti (nichts anderes)."

Weiter heißt es:

„Das Singen des heiligen Namens zerstört alle unerwünschten Dinge (im Herzen). Auf diese Weise erwacht alles Glück und der Fluss der Liebe zu Krishna (Gott) beginnt zu fließen." (3.20.11)

„Das Singen hat zur Folge, dass man seine Liebe zu Krishna erweckt und göttliche Glückseligkeit erfährt. Schließlich erlangt man Krishna und bekommt den Nektar des liebevollen Dienens, als ob man in ein großes Meer der Liebe tauchen würde." (3.20.14)

In der Bibel

Auch in der Bibel wird die Bedeutung von Gottes heiligem Namen immer wieder betont:

„Aber lass sich freuen alle, die auf dich trauen, lass sie jubeln immerdar; du wollest sie beschirmen, lass jauchzen über dich, die deinen Namen lieben." (Ps 5.12)

„Ich will dem Herrn danken nach seiner Gerechtigkeit und will lobsingen dem Namen Gottes, des Höchsten." (Ps 7.18)

„Herr, unser Herrscher, wie herrlich ist dein Name in allen Landen!" (Ps 8.10)

„Ich will deinen Namen lobsingen, o Höchster." (Ps 9.3)

„Darum vertrauen auf dich, die deinen Namen kennen; denn du verlässt nicht, die dich suchen, o Herr!" (Ps 9.11)

„Lobsinget dem Herrn, ihr seine Frommen, und preiset seinen heiligen Namen!" (Ps 30.5)

„Ja, seiner freut sich unser Herz, wir vertrauen seinem heiligen Namen." (Ps 33.21)

„Gottes rühmen wir uns allezeit, und deinen Namen preisen wir immerdar." (Ps 44.9)

„Wie dein Name, o Gott, so geht dein Ruhm bis ans Ende der Erde." (Ps 48.11)

„Dankt dem Herrn! Ruft seinen Namen an! Macht unter den Völkern seine Taten bekannt! Singt ihm und spielt ihm, sinnt nach über all seine Wunder! Rühmt euch seines heiligen Namens!" (Davids Loblied, 1.Chr. 16.8-10)

„Danket dem Herrn, rufet an seinen Namen, tut kund unter den Völkern seine Taten, verkündet, dass sein Name erhaben ist!" (Jesaja 12.4)

„Denn jeder, der den Namen des Herrn anruft, wird gerettet werden." (Römer 10.13)

„Durch ihn (Jesus) also lasst Gott allezeit das Opfer des Lobes darbringen, nämlich die Frucht der Lippen, die seinen Namen preisen." (Heb. 13.15)

Viele Namen

Da Gott unbegrenzt ist, hat er auch unbegrenzt viele Namen. Es kann also keine Rede davon sein, dass nur ein einziger seiner Namen, wie Krishna oder Jehova heilbringend sei. Die innere Haltung, in der wir diese Namen anrufen, ist entscheidend und nicht die Sprache, die dazu verwendet wird.

Der Sinn oder Zweck des verehrenden Singens oder Sprechens des heiligen Namens liegt in der Erfüllung des wichtigsten Gebots der Bibel.

„Jesus sagt: Du sollst den Herrn, deinen Gott, lieben mit deinem ganzen Herzen und mit deiner ganzen Seele und mit deinem ganzen Denken. Dies ist das größte und erste Gebot." (Mat. 22.37-38)

Wie wir sehen, bietet die Bibel zahlreiche bedeutsame Aussagen über den heiligen Namen Gottes. Aber es scheint, dass nur wenige Menschen die tiefe und essentielle Bedeutung des Gottesnamens erkannt haben. Obwohl dieser Vorgang sehr einfach ist, ist er dennoch höchst erhaben. In allen Kulturen werden die verschiedenen Namen des Herrn gepriesen und alle Feste werden mit Gesängen über Gott begangen. Die Wissenschaft des heiligen Namens liegt in ihm selbst: er vermittelt aus dem Herzen kommende Kraft und Freude. Und dies kann jedermann sehr leicht erfahren, wenn er sich in diese gesungenen oder gesprochenen oder auch nur gedachten Namen Gottes vertieft.

Das Verständnis von Karma und Reinkarnation, Vegetarismus, Hilfsbereitschaft, Selbstbeherrschung, Reinheit, Duldsamkeit, Ehrlichkeit, Mildtätigkeit und so weiter, sind lediglich Schritte in Richtung auf ein Gott gewidmetes Leben zu; es sind Prinzipien der Vernunft, um in der Harmonie göttlicher Naturgesetze keine Störung zu verursachen. Doch die Vertraulichkeit der Beziehung zwischen Gott und den einzelnen Lebewesen kann unbegrenzt gesteigert werden. In dieser liebevollen gewidmeten Beziehung zu Krishna sieht der Bhakta das höchste Ideal. Das Singen der Namen Krishnas beleuchtet den vertraulichen Pfad zu diesem höchsten Ideal. Der Name ist daher sowohl der Weg als auch das Ziel.

Das höchste Geschenk an die Bedürftigsten

Hier steigt vielleicht die Frage in uns auf, weshalb ein so hohes Geschenk wie die Liebe zu Gott in der gegenwärtigen Zeit einfach durch das Singen der heiligen Namen zu erhalten sei. B. R. Shridhara Swami enthüllte darauf eine Erklärung, die hier am Schluss des Buches allen Gottsuchern als Ermutigung dienen soll:

„Was ist die Bedeutung der höchsten Auffassung des Großmuts? Was sollte ihr Wesen sein? Den Bedürftigsten zu helfen. Weil Mahaprabhu (der versteckte Avatar Gottes) von dieser höchsten Ebene kommt, kann er nicht gewöhnliche Dinge verschenken; er muss die kostbarsten Dinge verschenken und seine Aufmerksamkeit muss auf die Bedürftigsten gerichtet sein. Ist das unnatürlich? Der höchste Großmut muss dem Niedrigsten und Bedürftigsten Beachtung schenken. Und wenn er ihnen helfen will, so wird er das in seiner eigenen Weise tun. Er kann ihnen nicht nur Glas- oder Steinstücke verteilen. Wenn er im Überfluss über Juwelen und Edelsteine verfügt, weshalb sollte er nach Steinstücken suchen, um diese an die Bedürftigsten zu verteilen? Er muss das, was er als wahren Reichtum betrachtet, den gefallensten und ärmsten Menschen zugänglich machen." (Golden Vulcano of Divine Love, S. 171, 1984)

Webseiten des Autors

www.bhakti-yoga.ch
www.vishnupedia.org